I0839952

Antología del Terror
Las 100 Mejores Películas

Kai N.B.

Copyright © 2023 Nombre del autor

Todos los derechos reservados.

ISBN: 9798858352266

DEDICATORIA

A los que no creían…

CONTENIDO

AGRADECIMIENTOS

Gracias a aquellos que recurran a esta guía, a los cinéfilos y amantes del terror. Va por vosotros.

1. EL EXORCISTA (1973)

Introducción

La película "El Exorcista", dirigida por William Friedkin y basada en la novela homónima de William Peter Blatty, es un clásico del cine de terror que ha dejado una huella indeleble en la cultura cinematográfica. Estrenada en 1973, la película sigue siendo considerada una de las más aterradoras de todos los tiempos y ha influido en numerosas producciones posteriores del género. En esta sinopsis, exploraremos los aspectos clave de esta obra maestra del terror.

Sinopsis

La trama de "El Exorcista" se desarrolla en Washington, D.C., donde conocemos a Chris MacNeil (interpretada por Ellen Burstyn), una actriz exitosa y madre soltera de una niña de 12 años llamada Regan (interpretada por Linda Blair). La vida de Chris parece normal hasta que empiezan a ocurrir sucesos extraños en su casa, ubicada en la tranquila Georgetown. Regan, aparentemente poseída por una entidad malévola, comienza a mostrar comportamientos violentos y blasfemos, lo que desconcierta a su madre y a los médicos que tratan de encontrar una explicación médica a su estado.

Chris, desesperada y preocupada por la salud de su hija, busca la ayuda de médicos especializados, pero ninguno de ellos puede identificar la causa de la transformación de Regan. Su última esperanza es el Padre Damien Karras (interpretado por Jason Miller), un sacerdote y psiquiatra que está luchando con su propia fe debido a la muerte de su madre y su desilusión con la Iglesia. Karras inicialmente descarta la idea de la posesión demoníaca y sugiere que Regan necesita ayuda psiquiátrica.

Sin embargo, a medida que los eventos extraños se intensifican y Regan se vuelve cada vez más violenta, Chris convence a Karras de que realice un exorcismo para salvar a su hija. Karras, aún escéptico, busca la aprobación de la Iglesia y finalmente se une al experimentado Padre Lankester Merrin (interpretado por Max von Sydow) para llevar a cabo el exorcismo.

La segunda mitad de la película se centra en la desgarradora batalla entre el bien y el mal que se desarrolla en la habitación de Regan mientras los sacerdotes intentan expulsar al demonio que ha poseído su cuerpo. El exorcismo es una experiencia aterradora y angustiosa, llena de blasfemias, vulgaridades y manifestaciones demoníacas. La actuación de Linda Blair como Regan poseída es particularmente impactante, y los efectos especiales de la época contribuyen a crear una atmósfera de horror genuino.

Durante la lucha, los sacerdotes son confrontados con la malicia del demonio, que utiliza el conocimiento íntimo de sus debilidades personales para socavar su fe y confianza. Karras, en particular, se siente culpable por no haber podido ayudar a su madre antes de su muerte y comienza a cuestionar su propósito en la vida. A medida que el exorcismo se torna más peligroso, Karras finalmente le pide al demonio que tome su cuerpo en lugar del de Regan. En un momento de extrema tensión, el demonio acepta y arroja a Karras por la ventana, provocando su muerte.

El sacrificio de Karras permite que Merrin complete el exorcismo, y el demonio finalmente abandona el cuerpo de Regan. La niña queda traumatizada pero aparentemente libre de la posesión demoníaca. Chris y Regan se reconcilian emocionalmente, y la película concluye con Chris y la detective Kinderman (interpretada por Lee J. Cobb) conversando en el parque, mientras Regan juega en el fondo.

Conclusión

"El Exorcista" de 1973 es una película que ha perdurado en el tiempo debido a su poderosa representación del mal, la lucha por la fe y la angustia de los personajes principales. William Friedkin logró crear una atmósfera de terror genuina que ha dejado una huella indeleble en la historia del cine de terror. La actuación impresionante de Linda Blair como Regan poseída y la química entre los personajes principales contribuyen a hacer de esta película un clásico atemporal que sigue aterrando a las audiencias décadas después de su estreno. "El Exorcista" no solo es una película de terror, sino también un examen profundo de la fe y la lucha contra las fuerzas del mal, que sigue siendo relevante y perturbador hasta el día de hoy.

2. EL RESPLANDOR (1980)

Introducción

"El Resplandor" (The Shining), dirigida por el legendario Stanley Kubrick y basada en la novela homónima de Stephen King, es un hito en la historia del cine de terror. Esta película de 1980 es conocida por su capacidad única para generar un sentimiento de inquietud y desconcierto en el espectador, así como por su impactante narrativa visual y actuaciones sobresalientes. A lo largo de esta sinopsis, exploraremos los aspectos clave de esta obra maestra del horror psicológico.

Sinopsis

La película "El Resplandor" nos presenta a Jack Torrance (interpretado por Jack Nicholson), un escritor y profesor de enseñanza secundaria que acepta un trabajo como cuidador de invierno en el aislado Hotel Overlook en las montañas de Colorado. Acompaña a Jack su esposa Wendy (interpretada por Shelley Duvall) y su hijo de cinco años, Danny (interpretado por Danny Lloyd), quien tiene un don especial conocido como "el resplandor", que le permite ver el pasado y el futuro, así como comunicarse telepáticamente con personas que también poseen esta habilidad.

La familia Torrance llega al Overlook cuando el hotel está a punto de cerrar por el invierno. El gerente les informa que estarán completamente aislados durante los meses de invierno, ya que la carretera que conduce al hotel quedará bloqueada por la nieve. A pesar de las advertencias sobre la soledad y la historia sangrienta del hotel, Jack ve este trabajo como una oportunidad para escribir su novela y luchar contra su alcoholismo, mientras que Wendy y Danny esperan que este sea un nuevo comienzo para la familia.

La película avanza con el progresivo aislamiento de la familia en el hotel, a medida que las tormentas de nieve cortan cualquier posibilidad de comunicación con el mundo exterior. Danny, que ha establecido una conexión telepática con el cocinero del hotel, Dick Hallorann (interpretado por Scatman Crothers), comienza a experimentar visiones inquietantes de los acontecimientos pasados y futuros del Overlook. Mientras tanto, Jack, que se supone que debe mantener el hotel en funcionamiento durante el invierno, lucha por escribir y se siente cada vez más irritable y agresivo.

La película toma un giro oscuro cuando Jack empieza a ser influenciado por los espíritus malignos que acechan el hotel. Los fantasmas del pasado, combinados con la soledad y el aislamiento, desencadenan una espiral descendente en la cordura de Jack. Comienza a tener visiones de personas que murieron en el hotel en el pasado y a actuar de manera cada vez más errática y violenta.

La relación de Jack con su familia también se deteriora rápidamente. Sus explosiones de ira y comportamientos cada vez más inquietantes hacen que Wendy y Danny sientan que están en peligro. Wendy, desesperada por proteger a su hijo, busca la ayuda de Hallorann, quien se encuentra en Florida pero siente la angustia de Danny a través del resplandor y decide regresar de inmediato al Overlook.

La película llega a su punto culminante en un enfrentamiento aterrador en el laberinto de setos del hotel, donde Jack persigue a su hijo Danny con un hacha. Wendy y Danny logran escapar y se esconden en el laberinto mientras Jack, perdido y congelado, se convierte en otra víctima del Overlook.

Finalmente, Hallorann llega al hotel y rescata a Wendy y Danny. La película concluye con ellos escapando del Overlook en un snowcat, mientras el hotel queda atrás en silencio y desolación.

Conclusión

"El Resplandor" es una obra maestra de Stanley Kubrick que explora temas profundos de aislamiento, locura y violencia. La película se destaca por su dirección magistral, cinematografía impresionante y actuaciones inolvidables, especialmente la icónica interpretación de Jack Nicholson como Jack Torrance. La música, compuesta por Wendy Carlos y Rachel Elkind, contribuye a la atmósfera inquietante y perturbadora de la película.

El filme es conocido por su capacidad para generar un intenso sentimiento de inquietud en el espectador, gracias a su uso magistral de la simetría, los patrones visuales y el aislamiento psicológico de los personajes. Además, el enfoque de Kubrick en el horror psicológico y la desintegración de la mente humana lo convierte en un ejemplo sobresaliente del género.

"El Resplandor" también se presta a múltiples interpretaciones, y su final ambiguo ha sido objeto de debate y análisis a lo largo de los años. ¿Fue el Overlook un lugar verdaderamente poseído por fuerzas sobrenaturales o simplemente el escenario de la locura de Jack? Esta ambigüedad es parte de lo que hace que la película siga siendo relevante y aterradora para las audiencias actuales.

En resumen, "El Resplandor" es una obra maestra del cine de terror que continúa fascinando y aterrando a las audiencias décadas después de su estreno. Stanley Kubrick logró crear una experiencia cinematográfica única que ha dejado una huella indeleble en la historia del cine.

3. LA NOVIA DE FRANKENSTEIN (1935)

Introducción

"La Novia de Frankenstein", dirigida por James Whale, es una de las secuelas más notables en la historia del cine de terror. Esta película de 1935 se ha convertido en un clásico atemporal que ha influido en innumerables obras del género. La película es conocida por su mezcla única de horror, ciencia ficción y elementos góticos, así como por sus impactantes actuaciones y su narrativa visual. En esta sinopsis, exploraremos los aspectos más destacados de esta película icónica.

Sinopsis

La película comienza con una introducción única donde el autor Mary Shelley (interpretada por Elsa Lanchester) se encuentra con Lord Byron y el poeta Percy Bysshe Shelley en su casa de campo. Los tres discuten los eventos de la novela "Frankenstein" y la historia del monstruo creado por el Dr. Henry Frankenstein (interpretado por Colin Clive). Mary Shelley comienza a contar la continuación de la historia, que comienza donde terminó la primera película.

La trama se desarrolla en un mundo donde se cree que el monstruo creado por el Dr. Frankenstein ha muerto en el molino en llamas. Sin embargo, el monstruo (interpretado por Boris Karloff) sobrevive y busca refugio en las montañas. Allí, se encuentra con un ermitaño ciego (interpretado por O.P. Heggie), quien, sin conocer la verdadera naturaleza del monstruo, muestra compasión por él y lo cuida.

Mientras tanto, en el pueblo, el Dr. Frankenstein ha sobrevivido a los eventos de la primera película, pero sufre de amnesia temporal y está a punto de casarse con Elizabeth (interpretada por Valerie Hobson). Sin embargo, su antiguo mentor, el Dr. Pretorius (interpretado por Ernest Thesiger), quien es aún más ambiguo en sus intenciones que el propio Dr. Frankenstein, lo convence para que lo ayude en sus experimentos. Pretorius ha estado creando sus propias criaturas y busca la colaboración de Frankenstein para crear una compañera para el monstruo.

La trama se bifurca entre las acciones de Pretorius y el monstruo. Pretorius es un personaje oscuro y carismático que se deleita en la creación de vida artificial y desafía las normas morales y éticas. Mientras tanto, el monstruo, en su búsqueda de compañía y comprensión, comete una serie de actos violentos y desesperados.

La creación de la novia finalmente toma forma cuando Pretorius y Frankenstein secuestran al Dr. Waldman (interpretado por Edward Van Sloan) y le obligan a ayudar en el experimento. La escena en la que la novia cobra vida es una de las más icónicas en la historia del cine de terror. Elsa Lanchester, que también interpreta a Mary Shelley en la introducción, interpreta a la Novia con un aspecto espectacular y una actuación inolvidable. Su cabello peinado con rayos y su vestuario gótico la convierten en una imagen icónica del cine de terror.

Sin embargo, cuando el monstruo finalmente ve a su futura compañera, su esperanza se convierte en desesperación. La Novia, al igual que él, es una criatura grotesca y aterradora. La película culmina en una secuencia desgarradora en la que la Novia rechaza al monstruo y sufre un destino trágico.

La película concluye con la destrucción del laboratorio de Frankenstein y la muerte aparente del monstruo y la Novia en los escombros.

Conclusión

"La Novia de Frankenstein" es una obra maestra de la cinematografía clásica de terror que ha dejado una huella indeleble en el género. James Whale logró crear una secuela que no solo igualó, sino que superó a la película original en términos de atmósfera, narrativa y profundidad temática. La película se destaca por su combinación única de horror gótico y ciencia ficción, así como por sus temas sobre la soledad, la compasión y la monstruosidad interior.

Las actuaciones son sobresalientes, con Boris Karloff retomando su papel como el monstruo con una profundidad emocional sorprendente, y Elsa Lanchester dejando una marca indeleble como la Novia. La película también es notable por su innovadora partitura musical de Franz Waxman, que contribuye en gran medida a la atmósfera inquietante de la película.

"La Novia de Frankenstein" es una película que trasciende su género y continúa siendo una influencia importante en la cinematografía de terror. La mezcla de elementos de horror, ciencia ficción y tragedia la convierten en una experiencia cinematográfica única que ha dejado una impresión duradera en la cultura popular.

4. ZOMBIE (DAWN OF THE DEAD) (1978)

Introducción

"Zombie (Dawn of the Dead)", dirigida por el maestro del cine de terror George A. Romero, es una de las películas de zombies más influyentes y emblemáticas de todos los tiempos. Esta película de 1978 no solo redefine el género zombi, sino que también ofrece una crítica social mordaz y una experiencia de terror visceral. A lo largo de esta sinopsis, exploraremos los aspectos clave de esta obra maestra del cine de terror y su impacto duradero en la cultura popular.

Sinopsis

La película comienza en medio de una crisis apocalíptica. La sociedad se desmorona mientras los muertos vuelven a la vida y comienzan a devorar a los vivos. Un grupo diverso de sobrevivientes se reúne en el estudio de televisión WGON en Filadelfia mientras el caos reina en las calles. Entre ellos se encuentran Fran (interpretada por Gaylen Ross), una joven reportera embarazada; Stephen (interpretado por David Emge), su compañero y piloto de helicóptero; Roger (interpretado por Scott H. Reiniger), un oficial de policía; y Peter (interpretado por Ken Foree), otro oficial de policía.

Ante la creciente amenaza de los muertos vivientes, el grupo decide escapar en el helicóptero de Stephen. Después de un tenso enfrentamiento en el techo del estudio, logran despegar y se dirigen hacia un centro comercial cercano. Aterrizan en la azotea del centro comercial, que luego aseguran y convierten en su refugio.

A medida que el grupo se establece en el centro comercial, "Zombie" explora temas de consumo, alienación y la futilidad de la vida moderna. Los personajes disfrutan de los lujos y comodidades del centro comercial, incluso cuando el mundo exterior se desmorona. Este uso del centro comercial como escenario central no solo sirve como metáfora de la adicción al consumo, sino que también ofrece un fuerte contraste entre la aparente seguridad del centro comercial y el caos exterior.

Mientras tanto, la relación entre los cuatro sobrevivientes se desarrolla. Fran, preocupada por su embarazo y el futuro de su hijo, lucha por encontrar un sentido en este mundo devastado. Roger, Peter y Stephen forman una unidad efectiva en la lucha contra los zombis, pero también están atrapados en la monotonía de la supervivencia.

La tensión aumenta a medida que los zombis comienzan a infiltrarse en el centro comercial, atraídos por la atracción innata hacia el lugar donde solían pasar tiempo en vida. El grupo se ve obligado a defenderse de las hordas de zombis mientras intenta mantener la cordura en medio de la desesperación.

La película también presenta a un grupo de motociclistas, liderados por un hombre llamado "Blades" (interpretado por Tom Savini), que descubren la existencia del centro comercial y deciden saquearlo. Se produce un enfrentamiento violento entre el grupo de motociclistas y los sobrevivientes, lo que lleva a la muerte de Roger y la expulsión de los motociclistas del centro comercial.

Con el tiempo, la presión y el agotamiento comienzan a afectar al grupo de sobrevivientes restantes. La relación entre Fran y Stephen se tensa, y Peter se convierte en un elemento estabilizador en medio del caos. Deciden abandonar el centro comercial y buscan refugio en algún lugar más seguro.

La película culmina en una secuencia emocionante y brutal en la que el grupo hace un último esfuerzo para escapar del centro comercial infestado de zombis. Peter, Fran y Stephen logran escapar en el helicóptero, pero la película no ofrece un final feliz ni una solución definitiva a la crisis zombi. En su lugar, la película plantea preguntas sobre el destino de los sobrevivientes y la naturaleza implacable de la amenaza zombi.

Conclusión

"Zombie (Dawn of the Dead)" es una obra maestra del cine de terror que va más allá de ser simplemente una película de zombies. George A. Romero utilizó el género de los muertos vivientes como una lente para explorar temas sociales y culturales profundos, como el consumismo, la alienación y la deshumanización. La película es conocida por su intensidad, su sátira social y su impactante violencia gráfica, que la convirtieron en una obra influyente en la cinematografía de terror.

El uso del centro comercial como escenario central es un golpe maestro de Romero, que subraya la ironía de buscar seguridad y comodidad en medio del caos. La película también destaca la fragilidad de la sociedad y la rapidez con la que puede desmoronarse en situaciones extremas.

El elenco ofrece actuaciones convincentes y memorables, con Ken Foree como Peter destacando por su carisma y determinación. La dirección de Romero es magistral, construyendo una sensación constante de tensión y claustrofobia a medida que los personajes se enfrentan a la creciente amenaza zombi.

En resumen, "Zombie (Dawn of the Dead)" es una película que trasciende su género y continúa siendo una obra influyente en el cine de terror. Su crítica social, su narrativa visceral y su representación del colapso de la civilización lo convierten en un clásico atemporal que sigue siendo relevante y perturbador para las audiencias actuales.

5. LA COSA (EL ENIGMA DEL OTRO MUNDO) (1982)

Introducción

"La Cosa (El Enigma del otro mundo)", dirigida por el maestro del cine de terror John Carpenter, es una de las películas más emblemáticas del género de ciencia ficción y horror. Esta película de 1982, una versión del clásico de ciencia ficción "¿Quién anda ahí?" de 1951, es conocida por su atmósfera opresiva, efectos especiales innovadores y su capacidad para inquietar a la audiencia. A lo largo de esta sinopsis, exploraremos los aspectos clave de esta obra maestra del terror.

Sinopsis

La película se desarrolla en una base de investigación científica en la Antártida, donde un equipo de doce hombres está aislado durante los meses de invierno. La historia comienza cuando un helicóptero noruego persigue y dispara a un perro que corre aterrorizado hacia la base estadounidense. Los noruegos mueren en el intento de matar al perro, y los estadounidenses, desconcertados por estos eventos, investigan la base noruega y descubren que ha sido destruida y aparentemente abandonada.

Deciden llevar al perro a la base y pronto descubren que no es un perro común. Es una criatura alienígena capaz de asumir la forma de cualquier organismo vivo al absorberlo y copiar su apariencia perfectamente. A medida que el equipo de investigación comienza a darse cuenta de la amenaza que enfrentan, se convierte en una carrera contra el tiempo para identificar quiénes son realmente humanos y quiénes son la "Cosa".

La paranoia y la desconfianza se apoderan del grupo mientras intentan sobrevivir y detener la propagación de la criatura alienígena. Utilizan pruebas de sangre para descubrir quiénes han sido infectados por la Cosa y se dan cuenta de que la única forma de detenerla es destruyendo cada fragmento de su organismo.

A medida que la tensión aumenta, los miembros del equipo se enfrentan entre sí en una serie de escenas intensas y aterradoras. La película es especialmente conocida por sus efectos especiales asombrosos y grotescos, diseñados por Rob Bottin, que incluyen la transformación de cuerpos humanos en grotescas criaturas alienígenas.

El enfrentamiento final tiene lugar en una de las secuencias más memorables y angustiantes de la película, cuando los pocos sobrevivientes luchan contra la Cosa en un intento desesperado por destruirla antes de que escape de la base. La tensión es palpable mientras el equipo lucha por mantenerse unido y eliminar la amenaza alienígena.

La película culmina con un final ambiguo y sombrío, ya que los sobrevivientes quedan exhaustos y desconfían incluso entre ellos. La Cosa parece haber sido derrotada, pero la incertidumbre persiste. El destino de los personajes y la amenaza alienígena quedan sin resolver, dejando a la audiencia con una sensación de inquietud.

Conclusión

"La Cosa (El Enigma del otro mundo)" es una obra maestra del cine de terror que combina hábilmente la ciencia ficción, el horror y la paranoia en un thriller intenso y perturbador. John Carpenter crea una atmósfera claustrofóbica y opresiva en el entorno gélido de la Antártida, donde la amenaza alienígena se mezcla con la desconfianza humana para generar una tensión constante.

La película se destaca por sus efectos especiales innovadores y grotescos, que aún hoy impresionan a las audiencias. Los momentos de transformación de la Cosa son particularmente impactantes y aterradores.

El elenco, encabezado por Kurt Russell como el protagonista R.J. MacReady, ofrece actuaciones sólidas y creíbles. Russell aporta una sensación de determinación y pragmatismo a su personaje, que se convierte en el líder de facto del grupo mientras luchan por sobrevivir.

"La Cosa" también es una película que se presta a múltiples interpretaciones y debates sobre su significado y su ambiguo final. La idea de que el enemigo puede estar entre nosotros y la desconfianza mutua son temas que resuenan en la audiencia, lo que contribuye a la longevidad y el impacto duradero de la película.

En resumen, "La Cosa (El Enigma del otro mundo)" es una película de culto que sigue siendo una referencia en el género de ciencia ficción y horror. Su combinación de efectos especiales sobresalientes, atmósfera opresiva y narrativa inquietante la convierten en una experiencia cinematográfica inolvidable que ha dejado una huella indeleble en la historia del cine.

6. PSICOSIS (1960)

Introducción

"Psicosis", dirigida por el maestro del suspense Alfred Hitchcock, es una película que se ha convertido en un hito en la historia del cine de terror y suspense. Estrenada en 1960, esta obra maestra desafió las convenciones del género cinematográfico y dejó una huella imborrable en la cultura popular. A lo largo de esta sinopsis, exploraremos los elementos clave de esta película icónica.

Sinopsis

La película comienza con una secretaria llamada Marion Crane (interpretada por Janet Leigh) que trabaja en Phoenix, Arizona, y está atrapada en una vida insatisfactoria. Un día, su jefe le encarga depositar $40,000 en el banco, pero en lugar de hacerlo, Marion toma el dinero y huye en su coche. Con la policía siguiéndola, Marion se embarca en un viaje hacia lo desconocido en una carretera bajo una lluvia torrencial.

Después de conducir durante horas, Marion llega al Bates Motel, un motel solitario que está gestionado por Norman Bates (interpretado por Anthony Perkins), un hombre aparentemente tímido y torpe. Norman le ofrece una habitación, y mientras Marion se registra, nota algunas peculiaridades en la personalidad de Norman y su relación con su madre, quien vive en la casa cercana. A pesar de su aprehensión inicial, Marion decide quedarse en el motel.

En la famosa escena de la ducha, mientras Marion se ducha, una figura misteriosa entra al baño y la apuñala hasta la muerte en un acto sorprendentemente violento. Esta escena, con su montaje rápido y su icónica música de Bernard Herrmann, se ha convertido en una de las secuencias más influyentes en la historia del cine.

La trama da un giro cuando una mujer llamada Lila Crane (interpretada por Vera Miles), hermana de Marion, comienza a investigar su desaparición después de que Marion no llega a su destino. Lila llega al Bates Motel en busca de respuestas y se encuentra con Sam Loomis (interpretado por John Gavin), el novio de Marion. Juntos, comienzan a indagar en el misterio detrás de la desaparición de Marion y las extrañas circunstancias del Bates Motel.

A medida que Lila y Sam investigan, descubren una serie de pistas intrigantes sobre la vida de Norman Bates y la relación enfermiza que tenía con su madre. Mientras tanto, Norman comienza a mostrar un comportamiento cada vez más errático, y la tensión en la película aumenta a medida que se desvelan más secretos oscuros.

La película llega a su climax cuando Lila y Sam descubren el oscuro secreto detrás de la madre de Norman y la verdadera naturaleza de lo que está ocurriendo en el Bates Motel. En una confrontación impactante en el sótano de la casa, se revela la horrible verdad detrás de los asesinatos y la identidad de la madre de Norman.

"Psicosis" culmina con la resolución de la trama, pero también deja al espectador con una sensación de inquietud y perturbación. El final, con el psiquiatra del sheriff explicando la aterradora psicología de Norman, ofrece una visión impactante del horror que puede residir en la mente humana.

Conclusión

"Psicosis" es una película que trasciende el género de terror y se convierte en un logro cinematográfico perdurable. Alfred Hitchcock demostró su genialidad como director al crear una narrativa magistral y construir una atmósfera de suspense que sigue siendo inigualable. La película es conocida por su capacidad para mantener al espectador en vilo y su capacidad para sorprender con giros impactantes.

Las actuaciones en "Psicosis" son sobresalientes, con Janet Leigh y

Anthony Perkins ofreciendo interpretaciones inolvidables. Perkins, en particular, es recordado por su retrato escalofriante de Norman Bates, un personaje que se ha convertido en un ícono del cine de terror.

La película también es notable por su innovador uso de la música y el sonido, con la partitura de Bernard Herrmann contribuyendo en gran medida a la atmósfera tensa y ominosa de la película. La icónica música de la escena de la ducha se ha convertido en un elemento inseparable de la cultura popular.

En resumen, "Psicosis" es una película que sigue siendo influyente y relevante décadas después de su estreno. Su capacidad para sumergir al espectador en el suspense y el horror, junto con su impactante narrativa y actuaciones memorables, la convierten en una obra maestra atemporal que sigue asombrando a las audiencias y cautivando a los amantes del cine de todo el mundo.

7. NOSFERATU (1922)

Introducción

"Nosferatu", dirigida por el director alemán F.W. Murnau, es una de las películas más icónicas y pioneras en la historia del cine de terror. Esta obra maestra muda de 1922 es una adaptación no autorizada de la novela "Drácula" de Bram Stoker y ha dejado una huella indeleble en el género de los vampiros. A lo largo de esta sinopsis, exploraremos los elementos clave de esta película silente que se ha convertido en un clásico del cine.

Sinopsis

La trama de "Nosferatu" se desarrolla en la ciudad ficticia de Wisborg, en Alemania, en la década de 1830. La historia comienza cuando Thomas Hutter (interpretado por Gustav von Wangenheim), un joven agente inmobiliario, es enviado por su empleador, Herr Knock (interpretado por Alexander Granach), a Transilvania para cerrar un acuerdo de venta con un misterioso noble llamado Graf Orlok (interpretado por Max Schreck).

Hutter deja a su esposa, Ellen (interpretada por Greta Schröder), en Wisborg y parte hacia los Cárpatos, donde se encuentra con el sombrío y enigmático conde. A medida que se acerca al castillo de Orlok, Hutter se da cuenta de que está rodeado de un aura de muerte y desesperación. A pesar de las advertencias de los lugareños sobre el peligro que representa Orlok, Hutter continúa con su misión.

Cuando llega al castillo, Hutter se encuentra con un anfitrión peculiar. Orlok es un hombre pálido y delgado con uñas largas y afiladas, y dientes puntiagudos que llaman la atención de Hutter. Mientras Hutter pasa más tiempo en el castillo, comienza a sospechar que Orlok no es un ser humano, sino un vampiro que se alimenta de la sangre de los vivos.

La película introduce elementos clásicos del mito del vampiro, como la incapacidad de Orlok para soportar la luz del sol, su necesidad de beber sangre y su capacidad para controlar a los animales. Hutter se da cuenta de que está en grave peligro, pero está atrapado en el castillo remoto y no puede escapar fácilmente.

Mientras tanto, en Wisborg, Ellen siente la ausencia de su esposo y se preocupa cada vez más por su bienestar. Empieza a tener pesadillas y visiones que la perturban. Cuando recibe una carta de Hutter en la que le confirma sus temores sobre Orlok, Ellen sabe que debe hacer todo lo posible para proteger a su esposo.

La trama se complica aún más cuando Orlok decide viajar a Wisborg. Se embarca en un barco cargado de cajas de tierra, donde se oculta durante el día. A medida que el barco se acerca a la ciudad, la tripulación comienza a morir misteriosamente, y la plaga se propaga en Wisborg.

Cuando Orlok finalmente llega a la ciudad, Ellen se convierte en su objetivo principal. Hutter, que ha logrado escapar del castillo de Orlok, regresa a casa y se entera de que su esposa está en peligro. Juntos, Ellen y Hutter luchan desesperadamente contra el vampiro, ideando un plan para destruirlo.

La película culmina en una tensa confrontación entre Orlok y Ellen, en la que ella sacrifica su vida para engañar a Orlok y exponerlo a la luz del amanecer. Orlok se desintegra y muere, y Ellen también sucumbe a la fatiga y la debilidad.

Conclusión

"Nosferatu" es una película que ha dejado una marca indeleble en la historia del cine de terror. La dirección innovadora de F.W. Murnau, junto con la actuación icónica de Max Schreck como el conde Orlok, crea una atmósfera inquietante y opresiva que sigue siendo efectiva incluso casi un siglo después de su lanzamiento.

La película es una adaptación no autorizada de la novela "Drácula" de Bram Stoker, y aunque se cambiaron algunos nombres y detalles, sigue siendo una interpretación poderosa del mito del vampiro. Max Schreck, en particular, ofrece una actuación memorable como el vampiro, encarnando la imagen del chupasangre como un ser pálido y repulsivo.

La película también se destaca por su uso magistral de la cinematografía silente y su capacidad para crear una sensación de inquietud y horror sin la necesidad de diálogos. La música y la partitura, a menudo tocadas en proyecciones teatrales en vivo, contribuyen en gran medida a la atmósfera escalofriante de la película.

En resumen, "Nosferatu" es una película que sigue siendo una influencia importante en el cine de terror y una experiencia cinematográfica única. Su impacto duradero en la cultura popular y su capacidad para inquietar a las audiencias hacen que sea un clásico que continúa fascinando y aterrando a quienes se aventuran en su mundo sombrío y atormentado.

8. LA SEMILLA DEL DIABLO (1968)

Introducción

"La Semilla del Diablo", dirigida por el renombrado director Roman Polanski, es una película de terror icónica que ha dejado una huella imborrable en la historia del cine. Estrenada en 1968, esta película exploró temas de paranoia, satanismo y maternidad de una manera que impactó a la audiencia y la crítica por igual. A lo largo de esta sinopsis, exploraremos los elementos esenciales de esta obra maestra del terror psicológico.

Sinopsis

La trama de "La Semilla del Diablo" sigue a una joven pareja, Rosemary Woodhouse (interpretada por Mia Farrow) y su esposo Guy (interpretado por John Cassavetes), que se mudan a un apartamento en el famoso edificio Dakota en Nueva York. Guy es un actor en ascenso, y la pareja está ansiosa por comenzar una nueva vida juntos. Su nuevo hogar, un edificio con una historia rica y un ambiente oscuro, parece ser perfecto para ellos.

Rosemary y Guy rápidamente se hacen amigos de sus vecinos, Minnie (interpretada por Ruth Gordon) y Roman Castevet (interpretado por Sidney Blackmer), una pareja de ancianos excéntricos que viven justo al lado. Aunque inicialmente parecen amigables, Minnie y Roman comienzan a interferir en la vida de Rosemary y Guy de manera sutil pero perturbadora. Minnie insiste en darles extrañas bebidas caseras y cocina para ellos, mientras que Roman comparte sus conocimientos sobre la magia negra y el ocultismo.

La película da un giro inquietante cuando Rosemary queda embarazada. A pesar de su alegría inicial, Rosemary comienza a experimentar una serie de eventos extraños y síntomas preocupantes durante su embarazo. Sospecha que Minnie y Roman están involucrados de alguna manera en lo que está sucediendo, pero Guy la convence de que son solo imaginaciones suyas.

Rosemary se siente cada vez más aislada y desconfiada de todos a su alrededor, incluido su esposo, quien está cada vez más interesado en avanzar en su carrera como actor. A medida que su embarazo avanza, las pesadillas y las alucinaciones de Rosemary se intensifican, lo que la lleva a investigar más sobre los extraños eventos que la rodean.

Rosemary descubre que el edificio Dakota tiene una historia de ocultismo y muertes misteriosas, lo que aumenta su paranoia. Busca la ayuda de un médico que no está relacionado con el círculo de amigos de Minnie y Roman y comienza a sospechar que su embarazo es parte de un oscuro ritual satánico.

La tensión en la película aumenta a medida que Rosemary lucha por mantener su cordura y proteger a su futuro hijo. Se enfrenta a una conspiración demoníaca que involucra a sus vecinos y su esposo, y se da cuenta de que nadie a su alrededor puede ser de confianza.

La película culmina en una secuencia aterradora cuando Rosemary descubre la verdad detrás de la conspiración y da a luz a su hijo en circunstancias impactantes. La película deja al espectador con una sensación de horror existencial y una profunda ambigüedad moral.

Conclusión

"La Semilla del Diablo" es una película que sigue siendo influyente y profundamente inquietante décadas después de su lanzamiento. Roman Polanski logra crear una atmósfera de paranoia y suspense que atrapa al espectador desde el principio y lo mantiene en vilo hasta el final.

La actuación de Mia Farrow es excepcional, ya que su personaje pasa de la alegría del embarazo al horror de la traición y la conspiración.

John Cassavetes también brinda una actuación convincente como el esposo ambiguo y ambicioso.

La película explora temas oscuros y perturbadores, como la maternidad forzada y la pérdida de la autonomía de una mujer en su propia vida. También toca temas de religión y superstición, así como la manipulación de la inocencia por parte de fuerzas siniestras.

La ambigüedad moral al final de la película es uno de sus aspectos más inquietantes, ya que plantea preguntas sobre la elección de Rosemary y las implicaciones de su decisión final.

En resumen, "La Semilla del Diablo" es una película que ha resistido la prueba del tiempo y sigue siendo una referencia en el cine de terror psicológico. Su capacidad para explorar temas oscuros y perturbadores, junto con su atmósfera de suspense implacable, la convierten en una obra maestra atemporal que continúa intrigando y perturbando a las audiencias modernas.

9. FREAKS, LA PARADA DE LOS MONSTRUOS
(1932)

Introducción

"Freaks, la parada de los monstruos" (en inglés, "Freaks") es una película dirigida por Tod Browning en 1932 que ha pasado a la historia del cine por su enfoque audaz y único en la representación de personas con deformidades físicas y discapacidades. A pesar de que inicialmente fue recibida con controversia y repulsión, la película se ha convertido en una obra maestra del cine de culto y un testimonio de la belleza y la humanidad que se encuentra en la diversidad. A lo largo de esta sinopsis, exploraremos los elementos clave de esta película inusual pero impactante.

Sinopsis

La película se desarrolla en el mundo de un circo ambulante, donde los artistas y artistas realizan sus actos en medio de una atmósfera de camaradería y comunidad. Uno de los aspectos más notables de la película es su elenco, compuesto en gran medida por personas con deformidades físicas reales. La película destaca la humanidad y la individualidad de estos artistas en lugar de centrarse en sus diferencias físicas.

La trama principal gira en torno a la historia de amor entre Hans (interpretado por Harry Earles), un enano que trabaja como maestro de ceremonias en el circo, y Cleopatra (interpretada por Olga Baclanova), una atractiva trapecista y contorsionista. Cleopatra, sin embargo, está más interesada en el dinero de Hans que en su amor, y comienza un romance con Hércules (interpretado por Henry Victor), el hombre fuerte del circo.

A medida que la traición de Cleopatra se desarrolla, los otros artistas del circo se dan cuenta de lo que está sucediendo y se unen para proteger a Hans. Los "fenómenos" y "monstruos" del circo, que incluyen a personas con enanismo, acondroplasia, sirenomelia y otras condiciones físicas, forman una comunidad unida y solidaria que rechaza la explotación y el abuso.

La película explora la dualidad entre la belleza exterior y la fealdad interior. Mientras que los artistas "normales" como Cleopatra son retratados como personas crueles y egoístas, los "freaks" se muestran como seres humanos compasivos y leales. Esta inversión de roles tradicionales es un tema central de la película y desafía las convenciones de belleza y normalidad.

La tensión en la película aumenta a medida que la comunidad de artistas decide tomar medidas para proteger a Hans y vengarse de Cleopatra. Esta venganza se lleva a cabo de manera impactante en una secuencia climática durante una tormenta, donde los "freaks" persiguen a Cleopatra y Hércules en el bosque. La película alcanza su punto máximo de horror cuando se revela la venganza final que los artistas tienen reservada para Cleopatra, que resulta en una transformación inquietante.

La película concluye con una reflexión sobre la belleza interior y la aceptación de la diversidad. Hans y su amada Frieda (interpretada por Daisy Earles), también una enana, encuentran la felicidad juntos, y la comunidad de artistas sigue adelante, unida en su diversidad.

Conclusión

"Freaks, la parada de los monstruos" es una película que desafía las normas cinematográficas y sociales de su época al presentar a personas con deformidades físicas como personajes complejos y compasivos. A pesar de la controversia inicial y las críticas negativas, la película se ha ganado un lugar en la historia del cine como una obra maestra del cine de culto que celebra la diversidad y la humanidad en todas sus formas.

La película destaca la dualidad entre la belleza exterior y la fealdad interior, subvirtiendo las expectativas tradicionales al retratar a los "freaks" como seres humanos compasivos y leales, mientras que los personajes "normales" son los villanos de la historia. Esta inversión de roles desafía las convenciones de belleza y normalidad y resalta la importancia de la aceptación y la empatía.

El elenco, en su mayoría compuesto por personas con deformidades físicas reales, ofrece actuaciones conmovedoras y auténticas que contribuyen en gran medida a la poderosa narrativa de la película. La dirección de Tod Browning crea una atmósfera inquietante y conmovedora que resuena con el espectador mucho después de que la película haya terminado.

En resumen, "Freaks, la parada de los monstruos" es una película que sigue siendo relevante y poderosa en su mensaje de aceptación y humanidad. Su impacto en la cultura popular y su capacidad para desafiar las normas convencionales la convierten en una obra maestra del cine de culto que continúa inspirando y conmoviendo a las audiencias en todo el mundo.

10. SUSPIRIA (1977)

Introducción

"Suspiria", dirigida por el maestro italiano del cine de terror Dario Argento, es una obra maestra del género que ha dejado una huella indeleble en la historia del cine. Estrenada en 1977, esta película es conocida por su estilo visual audaz y su atmósfera opresiva. A lo largo de esta sinopsis, exploraremos los elementos clave de esta película icónica que sigue siendo una referencia en el cine de terror.

Sinopsis

La película comienza con la llegada de Suzy Bannion (interpretada por Jessica Harper), una joven bailarina de ballet estadounidense, a la prestigiosa academia de baile Tanz Dance Academy en Friburgo, Alemania. Desde el momento en que Suzy llega, el ambiente en la academia es extraño y siniestro. Durante una tormenta intensa, Suzy se refugia en una casa cercana y es testigo de un brutal asesinato en el edificio de la academia.

Suzy se establece en la academia y rápidamente comienza a sospechar que hay algo oscuro y misterioso detrás de las paredes de la institución. La directora de la academia, Madame Blanc (interpretada por Joan Bennett), y la instructora de baile Miss Tanner (interpretada por Alida Valli) parecen esconder secretos y se comportan de manera inquietante.

A medida que Suzy continúa investigando, descubre que la academia está vinculada a un culto de brujas y que las instructoras de ballet están involucradas en prácticas de magia negra. Los asesinatos y la magia oscura rodean a la academia, y Suzy se convierte en el blanco de estas fuerzas malignas.

La película se destaca por su estilo visual único y su uso audaz del color y la música. La partitura de Goblin, una banda sonora progresiva italiana, contribuye en gran medida a la atmósfera inquietante de la película. Las escenas de asesinato son particularmente impactantes, con una violencia gráfica y una estilización que se ha convertido en una característica distintiva del cine de Dario Argento.

A medida que Suzy se acerca a la verdad detrás de la academia, descubre un cuaderno misterioso que pertenecía a una estudiante desaparecida. Este cuaderno contiene pistas sobre la historia de la academia y su conexión con la brujería. Suzy se da cuenta de que para sobrevivir y enfrentar las fuerzas oscuras que la rodean, debe enfrentarse al oscuro poder que controla la academia.

La película culmina en una secuencia aterradora en la que Suzy se enfrenta al líder de las brujas, Helena Markos (interpretada por Lela Svasta), en una confrontación sobrenatural. La lucha final entre Suzy y Markos es un frenesí de horror y violencia que pone fin a la maldición que ha acechado la academia.

Conclusión

"Suspiria" es una película que se mantiene como un referente en el género del cine de terror y un ejemplo del estilo visual distintivo de Dario Argento. Su atmósfera opresiva, su uso audaz del color y su partitura musical inquietante la convierten en una experiencia cinematográfica inolvidable.

La actuación de Jessica Harper como Suzy es fundamental para la película, ya que lleva al espectador a través de una pesadilla surrealista y escalofriante. La actuación de las instructoras de ballet y el elenco de apoyo también contribuye a crear un ambiente de paranoia y peligro constante.

La película explora temas de magia negra, brujería y la lucha entre las fuerzas del bien y el mal. A medida que Suzy descubre la verdad detrás de la academia, el espectador se ve arrastrado a un mundo oscuro y misterioso lleno de horrores inimaginables.

En resumen, "Suspiria" es una película que sigue siendo influyente y poderosa en el mundo del cine de terror. Su estilo visual distintivo y su atmósfera aterradora continúan cautivando a las audiencias y sirven como recordatorio de la capacidad de Dario Argento para crear experiencias cinematográficas impactantes y únicas.

11. EL GABINETE DEL DOCTOR CALIGARI
(1920)

Introducción

"El Gabinete del Doctor Caligari" (en alemán, "Das Cabinet des Dr. Caligari"), dirigida por Robert Wiene, es una película alemana que se ha convertido en un hito en la historia del cine por su estilo visual expresionista y su narrativa inquietante. Estrenada en 1920, esta película fue una pionera en el género del cine de terror y ha influido en generaciones de cineastas. A lo largo de esta sinopsis, exploraremos los elementos esenciales de esta obra maestra del cine mudo.

Sinopsis

La película se desarrolla en el ficticio pueblo alemán de Holstenwall y sigue a Francis (interpretado por Friedrich Fehér), quien narra la historia a un visitante en un banco del parque. Francis relata los eventos que tuvieron lugar en su pueblo natal hace varios años.

La trama se centra en el Dr. Caligari (interpretado por Werner Krauss), un médico que llega al pueblo con un espectáculo de carnaval hipnótico. Caligari presenta a Cesare (interpretado por Conrad Veidt), un somnambulista que duerme en un gabinete de exhibición de un circo y puede predecir el futuro mientras está en un estado de trance. Caligari utiliza a Cesare para atraer a la multitud al espectáculo y le ordena cometer asesinatos mientras duerme.

El pueblo de Holstenwall se ve aterrorizado por una serie de asesinatos brutales, y las autoridades locales comienzan a investigar. Francis y su amigo Alan (interpretado por Hans Heinrich von Twardowski) se convierten en detectives aficionados y comienzan a investigar al Dr. Caligari y su gabinete de hipnosis.

La película se destaca por su estilo visual expresionista, que utiliza decorados y maquillaje extremadamente estilizados para crear un mundo de pesadilla. Los edificios se inclinan y se retuercen, las sombras son alargadas y ominosas, y los rostros de los personajes están maquillados de manera exagerada. Este estilo visual contribuye en gran medida a la sensación de inquietud y pesadilla de la película.

A medida que Francis y Alan investigan más a fondo, descubren que el Dr. Caligari ha estado utilizando a Cesare para cometer los asesinatos mientras está en un trance hipnótico. También descubren un manicomio cercano donde Caligari trabaja como director, lo que sugiere que puede estar utilizando a Cesare como parte de un experimento siniestro.

La película culmina en una serie de revelaciones impactantes. Se revela que Francis está narrando la historia desde el manicomio, y que él mismo está mentalmente enfermo. La línea entre la realidad y la fantasía se desdibuja aún más cuando se revela que el Dr. Caligari es en realidad el director del manicomio y que ha estado utilizando a Francis para sus propios fines retorcidos.

La película concluye con una confrontación final en el manicomio, donde Francis es llevado a una celda junto a Cesare, quien sigue en su estado de trance. La película cierra con un giro sorprendente cuando Francis se da cuenta de que él mismo podría estar loco y que la línea entre la realidad y la fantasía es incierta.

Conclusión

"El Gabinete del Doctor Caligari" es una película que sigue siendo influyente y poderosa en la historia del cine. Su estilo visual expresionista, que crea un mundo de pesadilla a través de decorados y maquillaje exagerados, ha dejado una huella duradera en el cine de terror y en la cultura popular en general.

La película también es conocida por su narrativa enigmática y su exploración de la locura y la paranoia. El espectador es llevado a un mundo donde la realidad y la fantasía se entrelazan de manera perturbadora, y la línea entre el bien y el mal se desdibuja.

Las actuaciones en la película son excepcionales, con destacadas interpretaciones de Werner Krauss como el Dr. Caligari y Conrad Veidt como Cesare. La dirección de Robert Wiene crea una atmósfera opresiva y angustiosa que se mantiene a lo largo de toda la película.

En resumen, "El Gabinete del Doctor Caligari" es una obra maestra del cine mudo que sigue siendo influyente y relevante en la actualidad. Su estilo visual distintivo y su narrativa inquietante continúan cautivando a las audiencias y la convierten en una película que ha resistido la prueba del tiempo en el género del cine de terror y la cinematografía en general.

12. ALIEN: EL OCTAVO PASAJERO (1979)

Introducción

"Alien: El Octavo Pasajero", dirigida por Ridley Scott, es una obra maestra del cine de ciencia ficción y terror que ha dejado una marca indeleble en la historia del cine. Lanzada en 1979, esta película ha influido en generaciones de cineastas y ha establecido un estándar elevado para las películas de terror espacial. A lo largo de esta sinopsis, exploraremos los elementos clave de esta película icónica.

Sinopsis

La película comienza en el año 2122 a bordo de la nave espacial comercial Nostromo, que regresa a la Tierra después de un largo viaje por el espacio profundo. La tripulación de la nave está formada por siete miembros: el capitán Dallas (interpretado por Tom Skerritt), la teniente Ripley (interpretada por Sigourney Weaver), el oficial ejecutivo Kane (interpretado por John Hurt), el navegante Lambert (interpretada por Veronica Cartwright), el ingeniero jefe Parker (interpretado por Yaphet Kotto), el ingeniero técnico Brett (interpretado por Harry Dean Stanton), y el oficial de ciencia Ash (interpretado por Ian Holm).

El tranquilo viaje de regreso se ve interrumpido cuando la nave recibe una misteriosa señal de socorro desde un planeta cercano. A pesar de las objeciones de Ripley, la tripulación es obligada por contrato a investigar la señal. Aterrizan en el planeta desolado y descubren una nave espacial alienígena estrellada y una serie de huevos alienígenas.

Kane decide explorar más de cerca uno de los huevos y es atacado por una criatura que se adhiere a su rostro. La tripulación lo lleva de regreso a la Nostromo, pero el oficial Ash insiste en que deben seguir los protocolos de cuarentena antes de dejarlo entrar. Sin embargo, cuando el equipo intenta quitar la criatura de la cara de Kane, descubren que es imposible.

Más tarde, la criatura se desprende misteriosamente de Kane, aparentemente muerta. Sin embargo, la tripulación pronto se da cuenta de que la criatura ha crecido a un ritmo alarmante y ha mutado en una forma más grande y mortal. El alienígena se convierte en la principal amenaza a bordo de la nave.

La película se destaca por su atmósfera claustrofóbica y la sensación de aislamiento en el espacio profundo. La tripulación se ve atrapada en una lucha desesperada por sobrevivir mientras el alienígena los acecha en los oscuros pasillos de la nave.

La tensión aumenta a medida que la tripulación intenta capturar al alienígena y expulsarlo de la nave. Utilizan una variedad de métodos y herramientas improvisadas, pero el alienígena se muestra como un enemigo implacable y astuto.

A medida que la película avanza, se revelan los oscuros secretos de la corporación que controla la Nostromo y su verdadera misión en el planeta. Ripley se da cuenta de que la tripulación ha sido sacrificada como parte de un plan para adquirir una muestra del alienígena a cualquier costo.

La película culmina en una confrontación aterradora entre Ripley y el alienígena en la que Ripley debe utilizar su ingenio y determinación para sobrevivir. La película concluye con una secuencia impactante y llena de suspense que deja al espectador con una sensación de inquietud duradera.

Conclusión

"Alien: El Octavo Pasajero" es una película que sigue siendo una referencia en el cine de ciencia ficción y terror. La dirección de Ridley Scott crea una atmósfera claustrofóbica y tensa que atrapa al espectador desde el principio y no lo suelta hasta el final.

La actuación de Sigourney Weaver como Ripley es fundamental para la película, ya que su personaje se convierte en un ícono del cine de ciencia ficción y una de las heroínas más memorables de la historia del cine. El diseño del alienígena, creado por el artista H.R. Giger, es una obra maestra de la monstruosidad biomecánica y se ha convertido en un ícono del cine de terror.

La película también aborda temas profundos, como la paranoia corporativa, la explotación y la lucha por la supervivencia en un entorno hostil. Estos temas se exploran a través de la lente del género de ciencia ficción y terror, lo que añade profundidad y significado a la historia.

En resumen, "Alien: El Octavo Pasajero" es una película que ha resistido la prueba del tiempo y continúa siendo una influencia importante en el cine de ciencia ficción y terror. Su impacto en la cultura popular y su capacidad para inquietar y emocionar a las audiencias la convierten en una obra maestra cinematográfica que sigue cautivando a las generaciones de espectadores.

13. LA NOCHE DE LOS MUERTOS VIVIENTES
(1968)

Introducción

"La Noche de los Muertos Vivientes", dirigida por George A. Romero, es una película que cambió para siempre el paisaje del cine de terror. Lanzada en 1968, esta película independiente y de bajo presupuesto marcó el inicio del género de los zombis tal como lo conocemos hoy en día. A lo largo de esta sinopsis, exploraremos los elementos clave de esta película icónica que ha influido en generaciones de cineastas y amantes del género.

Sinopsis

La película comienza cuando Barbra (interpretada por Judith O'Dea) y su hermano Johnny (interpretado por Russell Streiner) visitan el cementerio de su pueblo natal para poner flores en la tumba de su padre. La tranquilidad se quiebra cuando son atacados por un hombre pálido y desfigurado que parece estar muerto. Johnny resulta gravemente herido al intentar escapar.

Barbra logra llegar a una granja cercana, donde encuentra refugio del ataque. En la granja, se encuentra con Ben (interpretado por Duane Jones), un hombre decidido y pragmático que ha llegado en busca de refugio. Juntos, barricadan la casa para protegerse de lo que parece ser una horda de muertos vivientes que se están levantando de sus tumbas.

La tensión aumenta a medida que los muertos vivientes rodean la casa y los sobrevivientes deben trabajar juntos para defenderse. La radio y la televisión transmiten informes caóticos de la creciente crisis, pero no hay una explicación clara sobre lo que está sucediendo.

Los demás sobrevivientes que se unen al grupo en la casa incluyen a Tom (interpretado por Keith Wayne) y Judy (interpretada por Judith Ridley), una pareja joven que se encontraba en su camino hacia el cementerio cuando comenzó la crisis. También se unen Harry (interpretado por Karl Hardman) y Helen (interpretada por Marilyn Eastman), una pareja que estaba refugiada en el sótano de la casa.

Las tensiones comienzan a surgir entre los sobrevivientes mientras luchan por encontrar una estrategia para sobrevivir. Harry está decidido a quedarse en el sótano y espera que las autoridades vengan en su rescate. Ben, por otro lado, insiste en que la única opción es fortalecer las defensas de la casa.

La película se destaca por su atmósfera de claustrofobia y desesperación mientras los muertos vivientes rodean la casa y los sobrevivientes luchan por mantenerlos a raya. Los zombis son retratados como seres lentos y hambrientos de carne humana, lo que aumenta la sensación de angustia.

A medida que avanza la noche, los ataques de los zombis se intensifican y los sobrevivientes enfrentan un peligro cada vez mayor. Los intentos de comunicarse con las autoridades resultan en fracaso, y la esperanza de ser rescatados disminuye rápidamente.

La película culmina en una secuencia impactante y desgarradora en la que los sobrevivientes enfrentan la realidad brutal de su situación. Las tensiones internas y el asedio constante de los zombis llevan a un final trágico y conmovedor que ha dejado una impresión duradera en el cine de terror.

Conclusión

"La Noche de los Muertos Vivientes" es una película que cambió el género de los zombis para siempre. Su estilo documental y su atmósfera de tensión y claustrofobia la convierten en una experiencia cinematográfica inolvidable.

La actuación de Duane Jones como Ben es fundamental para la película, ya que su personaje se convierte en un ícono del género de los zombis. Ben es un hombre valiente y decidido que lucha incansablemente por la supervivencia, y su papel desafió las convenciones raciales en el cine de la época.

La película también abordó temas de paranoia, aislamiento y la naturaleza destructiva de la humanidad cuando se enfrenta a una crisis. La falta de comunicación y cooperación entre los sobrevivientes resulta en su perdición, lo que añade profundidad a la narrativa.

En resumen, "La Noche de los Muertos Vivientes" es una película icónica que ha influido en el cine de terror y la cultura popular de manera significativa. Su impacto perdura a lo largo de las décadas y sigue siendo una obra maestra del género de los zombis que continúa aterrorizando y fascinando a las audiencias.

14. TIBURÓN (1975)

Introducción

"Tiburón", dirigida por Steven Spielberg, es una película que cambió para siempre la forma en que percibimos a los depredadores del océano. Estrenada en 1975, esta película se ha convertido en un clásico del cine de terror y aventuras, y su impacto en la cultura popular y la industria cinematográfica es innegable. A lo largo de esta sinopsis, exploraremos los elementos clave de esta película icónica.

Sinopsis

La película comienza en la tranquila isla de Amity, un popular destino turístico en Nueva Inglaterra. Durante una noche de playa, una joven es atacada por un tiburón gigante y brutalmente asesinada. El jefe de policía local, Martin Brody (interpretado por Roy Scheider), inicia una investigación sobre el incidente, pero su superior, el alcalde Larry Vaughn (interpretado por Murray Hamilton), está más preocupado por el impacto económico negativo que la noticia del ataque podría tener en la temporada turística.

El informe inicial del médico forense es que la víctima murió debido a un barco propulsado por un motor, pero el oceanógrafo Matt Hooper (interpretado por Richard Dreyfuss) insiste en que se trata de un ataque de tiburón. Hooper llega a Amity para investigar el incidente y se une a Brody en su esfuerzo por detener al depredador.

La película se destaca por su narrativa de suspense y aventuras mientras Brody, Hooper y el cazador de tiburones local Quint (interpretado por Robert Shaw) se embarcan en una peligrosa expedición para atrapar al tiburón asesino, que se revela como un gran tiburón blanco de enormes proporciones.

El tiburón sigue aterrorizando a la comunidad de Amity, y los ataques se vuelven cada vez más brutales. El alcalde Vaughn sigue tratando de minimizar la amenaza, pero la situación se vuelve insostenible a medida que el tiburón continúa atacando a bañistas y navegantes.

La tensión aumenta a medida que el equipo se enfrenta al tiburón en el mar abierto. La película presenta una serie de secuencias de suspense y horror mientras el tiburón acecha a los personajes y el barco sufre daños. Las actuaciones de Scheider, Dreyfuss y Shaw son excepcionales y contribuyen en gran medida a la intensidad de la película.

La película culmina en un enfrentamiento épico entre el tiburón y los protagonistas. Quint, quien ha estado obsesionado con cazar al tiburón, demuestra ser un adversario formidable, pero el tiburón es aún más implacable. La confrontación lleva a una lucha desesperada por la supervivencia en un clímax aterrador y emocionante.

Conclusión

"Tiburón" es una película que dejó una marca indeleble en el cine y la cultura popular. La dirección magistral de Steven Spielberg, el guión tenso y bien construido de Peter Benchley y Carl Gottlieb, y la partitura icónica de John Williams se combinaron para crear una experiencia cinematográfica inolvidable.

La película abordó temas de miedo a lo desconocido y la vulnerabilidad del ser humano ante la naturaleza. El tiburón se convirtió en un símbolo del terror en el agua y ha dejado una huella duradera en la psicología del público, generando una fobia generalizada hacia estos depredadores marinos.

La película también es un ejemplo del poder del cine para atraer a las audiencias y generar un fenómeno cultural. "Tiburón" fue un éxito de taquilla y se convirtió en un fenómeno global, lo que llevó a una serie de secuelas y una atracción en los parques temáticos de Universal Studios.

En resumen, "Tiburón" es una película que sigue siendo un clásico indiscutible en la historia del cine. Su impacto en el cine de terror y su legado como una de las películas más influyentes y aterradoras de todos los tiempos continúan resonando en las audiencias de todo el mundo.

15. FRANKENSTEIN (1931)

Introducción

"Frankenstein", dirigida por James Whale, es una película icónica que trajo al monstruo de Mary Shelley a la vida en la pantalla grande. Estrenada en 1931, esta película se ha convertido en un clásico del cine de terror y ha dejado una huella indeleble en la cultura popular. A lo largo de esta sinopsis, exploraremos los elementos clave de esta obra maestra cinematográfica.

Sinopsis

La película comienza con un prólogo en el que el director James Whale advierte al público sobre la naturaleza impactante de lo que está a punto de presenciar. Luego, la historia se desarrolla en un pueblo europeo en el que el Dr. Henry Frankenstein (interpretado por Colin Clive), un joven científico obsesionado con la idea de la vida y la muerte, está decidido a desafiar los límites de la ciencia.

Frankenstein, junto con su leal asistente Fritz (interpretado por Dwight Frye), roba cadáveres y partes de cuerpos de tumbas y hospitales locales. Su objetivo es construir un nuevo ser humano a partir de estas partes y darle vida utilizando la electricidad.

La película se destaca por su atmósfera sombría y gótica, con escenarios oscuros y ominosos. La creación del monstruo, interpretado por el legendario Boris Karloff, es uno de los momentos más memorables de la historia del cine. La criatura es traída a la vida en una torre durante una tormenta eléctrica, y su despertar es una secuencia icónica llena de tensión y anticipación.

El monstruo, sin embargo, es un ser atormentado y confundido que no entiende el mundo que lo rodea. Frankenstein se da cuenta de que su creación es un peligro para la sociedad y para sí mismo, y se esfuerza por controlar al monstruo. Mientras tanto, el pueblo se convierte en el escenario de una serie de eventos trágicos y mortales que se atribuyen al monstruo.

La película también sigue a Elizabeth (interpretada por Mae Clarke), la prometida de Frankenstein, y al Dr. Waldman (interpretado por Edward Van Sloan), un mentor y amigo de Frankenstein, mientras tratan de comprender y controlar la situación. La tensión aumenta a medida que el monstruo escapa y comienza a aterrorizar al pueblo.

La película culmina en un enfrentamiento épico entre Frankenstein y su creación en una torre en ruinas. El monstruo, que ha sido perseguido y torturado, está lleno de ira y confusión. La confrontación es impactante y conmovedora, y plantea preguntas profundas sobre la responsabilidad de la ciencia y la humanidad hacia sus creaciones.

Conclusión

"Frankenstein" es una película que sigue siendo un hito en la historia del cine de terror y ciencia ficción. La dirección magistral de James Whale, la actuación icónica de Boris Karloff como el monstruo y el guión bien construido de John L. Balderston y Francis Edward Faragoh se combinan para crear una experiencia cinematográfica inolvidable.

La película aborda temas profundos, como la ética científica, la responsabilidad y la alienación. El monstruo de Frankenstein se convierte en un símbolo de la marginación y el aislamiento, y su búsqueda de aceptación y comprensión resuena en el corazón de los espectadores.

La película también desafió las convenciones del cine de la época y estableció un estándar elevado para las películas de terror que vendrían después. La creación del monstruo y la secuencia de su despertar son ejemplos de la maestría visual de Whale y han dejado una marca indeleble en la cultura cinematográfica.

En resumen, "Frankenstein" es una película que sigue siendo una influencia importante en el cine y la cultura popular. Su exploración de temas profundos y su capacidad para generar empatía por el monstruo han contribuido a su estatus como un clásico atemporal que continúa siendo admirado y estudiado en la actualidad.

16. LA MATANZA DE TEXAS

Introducción

"La Matanza de Texas", dirigida por Tobe Hooper, es una película que ha dejado una marca indeleble en la historia del cine de terror. Lanzada en 1974, esta película independiente de bajo presupuesto se ha convertido en un clásico del género y ha influido en numerosas películas de terror posteriores. A lo largo de esta sinopsis, exploraremos los elementos clave de esta película icónica.

Sinopsis

La película comienza con una introducción ominosa que advierte al público sobre la naturaleza perturbadora de la historia que está a punto de presenciar. La narrativa se desarrolla en Texas rural, donde un grupo de jóvenes decide emprender un viaje por carretera para visitar la tumba y la antigua casa de la abuela de uno de ellos.

Los protagonistas son Sally Hardesty (interpretada por Marilyn Burns), su hermano Franklin (interpretado por Paul A. Partain), su novio Jerry (interpretado por Allen Danziger), su amiga Pam (interpretada por Teri McMinn) y su novio Kirk (interpretado por William Vail). La relación de los personajes se siente auténtica, y la película se toma su tiempo para presentar a los protagonistas antes de llevarlos a su pesadilla.

Durante su viaje, el grupo se cruza con un extraño autoestopista (interpretado por Edwin Neal) que se comporta de manera inquietante y les cuenta historias perturbadoras sobre la industria cárnica local. A pesar de sus instintos, deciden dejarlo subir al vehículo, lo que desencadena una serie de eventos aterradores.

La película se destaca por su atmósfera opresiva y su enfoque en el horror psicológico. A medida que el grupo llega a la casa abandonada de la abuela de Sally y comienza a explorarla, descubren una serie de objetos extraños y perturbadores. La tensión aumenta gradualmente a medida que se dan cuenta de que no están solos y que algo siniestro acecha en las sombras.

Uno por uno, los miembros del grupo son atacados y asesinados por un hombre enmascarado conocido como Leatherface (interpretado por Gunnar Hansen). Leatherface es un asesino en serie que lleva una máscara hecha de piel humana y que utiliza una motosierra como su arma principal. Su apariencia aterradora y su brutalidad lo convierten en uno de los villanos más icónicos del cine de terror.

La película culmina en una secuencia de horror inolvidable cuando Sally, la única sobreviviente, es perseguida por Leatherface a través de la oscura casa y el espeluznante matadero adjunto. La persecución es intensa y agotadora, y Sally se enfrenta a una pesadilla de la que parece no haber escape.

La película concluye de manera impactante cuando Sally logra escapar de la casa y es recogida por un camionero que pasa por el lugar. Sin embargo, la película no ofrece un final feliz, ya que Sally se aleja en estado de shock y desesperación, mientras Leatherface agita su motosierra en un gesto aterrador desde la distancia.

Conclusión

"La Matanza de Texas" es una película que ha dejado una marca indeleble en el cine de terror. Su estilo documental y su enfoque en el horror psicológico la convierten en una experiencia cinematográfica intensamente perturbadora.

La actuación de Marilyn Burns como Sally es fundamental para la película, ya que su personaje se convierte en un ícono de la víctima aterrada en el cine de terror. La película también destaca por su dirección audaz y cruda de Tobe Hooper, quien logró crear una atmósfera opresiva y claustrofóbica con un presupuesto limitado.

"La Matanza de Texas" abordó temas de violencia, alienación y decadencia rural en una época en la que el cine de terror estaba experimentando una revolución. La película se convirtió en un referente del cine de terror independiente y ha influido en numerosas películas del género.

En resumen, "La Matanza de Texas" es una película que ha resistido la prueba del tiempo y continúa aterrorizando a las audiencias con su estilo crudo y su visión perturbadora. Su legado en el cine de terror es innegable, y su impacto en la cultura popular sigue siendo profundo y duradero.

17. LA NOCHE DE HALLOWEEN (1978)

Introducción

"La Noche de Halloween", dirigida por John Carpenter, es una película que marcó el nacimiento del género slasher y se convirtió en un clásico del cine de terror. Lanzada en 1978, esta película independiente de bajo presupuesto dejó una huella indeleble en el cine de terror y la cultura popular. A lo largo de esta sinopsis, exploraremos los elementos clave de esta película icónica.

Sinopsis

La película comienza en la pequeña y apacible ciudad de Haddonfield, Illinois, en la noche de Halloween de 1963. Una joven llamada Judith Myers es asesinada brutalmente en su casa por su propio hermano, un niño de seis años llamado Michael. El niño es detenido y enviado a un hospital psiquiátrico bajo la supervisión del Dr. Sam Loomis (interpretado por Donald Pleasence), quien advierte que Michael es un psicópata puro y que representa un peligro inminente.

La narrativa luego se traslada a 1978, cuando Michael Myers, ahora un adulto, escapa del hospital psiquiátrico y regresa a Haddonfield. La película se destaca por su atmósfera inquietante y la perspectiva subjetiva de la cámara, que coloca al espectador en el papel de Michael mientras acecha a su próxima víctima.

Laurie Strode (interpretada por Jamie Lee Curtis) es una joven introvertida que se encuentra cuidando a los hijos de sus vecinos en la noche de Halloween. Laurie se convierte en el objetivo de Michael, quien la sigue a lo largo del día mientras planea su ataque.

La película introduce al Dr. Loomis, quien llega a Haddonfield en busca de Michael. Loomis advierte a las autoridades locales sobre el peligro que representa Michael, pero sus advertencias no son tomadas en serio. Loomis se convierte en una figura de autoridad moral en la película, tratando de evitar el derramamiento de sangre.

A medida que avanza la noche, Michael acecha a Laurie y sus amigos mientras realizan actividades típicas de Halloween. La película presenta una sensación constante de tensión y anticipación a medida que el espectador se pregunta cuándo y cómo atacará Michael.

La película culmina en una serie de enfrentamientos intensos y aterradores entre Laurie y Michael. Laurie se convierte en un símbolo de la lucha por la supervivencia contra un enemigo aparentemente indestructible. La película concluye con un clímax lleno de suspense y una secuencia final impactante.

Conclusión

"La Noche de Halloween" es una película que cambió el juego en el género de terror. La dirección magistral de John Carpenter, su partitura icónica y la actuación inolvidable de Jamie Lee Curtis como Laurie Strode contribuyeron a su éxito.

La película estableció muchas de las convenciones del género slasher, incluida la figura del asesino enmascarado, la víctima final que lucha por sobrevivir y la atmósfera de tensión constante. También abordó temas de miedo a lo desconocido, el peligro que acecha en lo familiar y la fragilidad de la seguridad cotidiana.

"La Noche de Halloween" generó una serie de secuelas y reinicios, convirtiendo a Michael Myers en uno de los villanos más icónicos del cine de terror. La película también influyó en numerosas películas posteriores del género y dejó una marca indeleble en la cultura popular.

En resumen, "La Noche de Halloween" es una película que sigue siendo un clásico del cine de terror. Su impacto en el género y su capacidad para asustar y emocionar a las audiencias la convierten en una obra maestra del terror que continúa aterrorizando a las generaciones de espectadores.

18. HEREDITARY (2018)

Introducción

"Hereditary", dirigida por Ari Aster, es una película de terror psicológico que se ha destacado como una de las películas más aterradoras y perturbadoras de la última década. Lanzada en 2018, la película ha dejado una fuerte impresión en el género de terror y ha sido aclamada tanto por la crítica como por el público. A lo largo de esta sinopsis, exploraremos los elementos clave de esta obra maestra del terror moderno.

Sinopsis

La película comienza con el funeral de Ellen, la madre de Annie Graham (interpretada por Toni Collette), quien deja atrás a una familia aparentemente disfuncional. Annie, una miniaturista que crea escenas detalladas en miniatura, tiene una relación tensa con su esposo Steve (interpretado por Gabriel Byrne) y sus dos hijos, Peter (interpretado por Alex Wolff) y Charlie (interpretada por Milly Shapiro).

La sombra de la tragedia se cierne sobre la familia Graham cuando Charlie, una niña solitaria y extraña, sufre un trágico accidente en un viaje familiar. La muerte de Charlie desencadena una serie de eventos perturbadores y misteriosos que comienzan a desentrañar la psicología de la familia Graham.

La película se destaca por su atmósfera opresiva y su enfoque en la psicología y el trauma. Annie, devastada por la pérdida de su hija, comienza a experimentar una serie de acontecimientos sobrenaturales que la llevan a creer que Charlie todavía está presente de alguna manera.

Annie se une a un grupo de apoyo para el duelo, donde conoce a Joan (interpretada por Ann Dowd), una mujer que la introduce en el mundo del ocultismo y la espiritualidad. Joan convence a Annie de realizar un ritual para comunicarse con los muertos, lo que desencadena una serie de eventos aún más extraños y terroríficos.

La película explora temas profundos, como la herencia familiar, la pérdida, la locura y la decadencia de la psique humana. La historia se convierte en un laberinto de paranoia y confusión a medida que los secretos oscuros de la familia Graham salen a la luz.

El comportamiento de Peter se vuelve cada vez más errático, y Annie se sume en una espiral de pesadillas y visiones terroríficas. La película mantiene al espectador en un estado constante de tensión y ansiedad mientras se desentraña el misterio detrás de la familia Graham y su conexión con lo sobrenatural.

La película culmina en un clímax aterrador en el que la locura y la violencia estallan de manera impactante. La película ofrece una serie de revelaciones perturbadoras que cambian por completo la percepción del espectador sobre lo que está ocurriendo y cómo se relaciona con los personajes.

Conclusión

"Hereditary" es una película de terror psicológico que se ha destacado como una obra maestra del género. La dirección magistral de Ari Aster, la actuación sobresaliente de Toni Collette y la cinematografía atmosférica contribuyen a su impacto.

La película aborda temas profundos y oscuros relacionados con la herencia y el trauma familiar. La historia se desarrolla con un ritmo implacable, manteniendo al espectador en vilo y sumergiéndolo en la angustia de la familia Graham.

"Hereditary" ha sido aclamada por su capacidad para generar miedo y perturbación en el público. Sus imágenes inquietantes y su enfoque en lo desconocido y lo inexplicable la convierten en una película que provoca reflexión y debate.

En resumen, "Hereditary" es una película que ha dejado una impresión duradera en el género del terror y en el cine contemporáneo en general. Su capacidad para explorar lo oscuro y lo inquietante de la psicología humana la convierte en una película que sigue generando conversación y análisis en la actualidad.

19. DÉJAME SALIR (2017)

Introducción

"Déjame Salir", dirigida por Jordan Peele, es una película que se ha destacado como una obra maestra del thriller psicológico y una exploración crítica de las tensiones raciales en la sociedad contemporánea. Lanzada en 2017, la película recibió elogios de la crítica y se convirtió en un fenómeno cultural. A lo largo de esta sinopsis, exploraremos los elementos clave de esta película única.

Sinopsis

La película comienza con Chris Washington (interpretado por Daniel Kaluuya), un joven afroamericano que se prepara para visitar a la familia de su novia blanca, Rose Armitage (interpretada por Allison Williams), en su aislada mansión en el campo. A pesar de algunas inquietudes iniciales sobre las actitudes de la familia de Rose hacia su relación interracial, Chris está dispuesto a hacer un esfuerzo.

Al llegar a la mansión, Chris se encuentra con Dean (interpretado por Bradley Whitford) y Missy (interpretada por Catherine Keener), los padres de Rose, quienes intentan demostrar que son progresistas y libres de prejuicios. Sin embargo, Chris comienza a notar comportamientos extraños por parte de los empleados afroamericanos de la mansión, quienes actúan de manera sumisa y parecen estar atrapados en una especie de trance.

La película se destaca por su atmósfera inquietante y su enfoque en el suspense psicológico. A medida que Chris explora la mansión y conoce a los amigos y familiares de Rose, comienza a descubrir secretos oscuros y perturbadores. La tensión aumenta gradualmente a medida que se siente cada vez más aislado y atrapado en una situación que no puede comprender por completo.

El amigo de Chris, Rod (interpretado por Lil Rel Howery), se convierte en una fuente de apoyo y preocupación mientras intenta entender la extraña situación en la que Chris se encuentra. A través de sus conversaciones telefónicas, Rod ofrece una mirada cómica y escéptica de la situación, pero también sirve como contrapunto al creciente terror de Chris.

A medida que avanza la película, Chris descubre que la familia Armitage está involucrada en un perturbador complot que involucra la transferencia de conciencia de personas blancas a cuerpos afroamericanos. Los afroamericanos atrapados en la mansión son víctimas de este experimento y se han convertido en "hospedantes" para los cerebros de los ancianos blancos que buscan la inmortalidad.

La película aborda temas profundos relacionados con el racismo y la apropiación cultural, y utiliza el género de terror como una metáfora para explorar la explotación y la alienación que pueden sentir las personas de color en una sociedad dominada por personas blancas.

La película culmina en un clímax aterrador en el que Chris lucha por su vida contra la familia Armitage y sus aliados. La película ofrece momentos de tensión extrema y revelaciones impactantes que desafían las expectativas del espectador.

Conclusión

"Déjame Salir" es una película que ha sido aclamada tanto por la crítica como por el público por su capacidad para abordar temas sociales profundos a través del género del terror. La dirección magistral de Jordan Peele, la actuación destacada de Daniel Kaluuya y el guión inteligente se combinan para crear una experiencia cinematográfica inolvidable.

La película destaca la necesidad de un diálogo abierto y sincero sobre el racismo y la discriminación en la sociedad contemporánea. Utiliza el horror y el suspense para arrojar luz sobre las tensiones raciales y las formas sutiles en que se manifiestan en la vida cotidiana.

"Déjame Salir" ha dejado una huella indeleble en el cine y la cultura popular. Su capacidad para generar conversación y reflexión sobre cuestiones de raza y discriminación lo convierte en una película influyente que sigue siendo relevante en la actualidad.

En resumen, "Déjame Salir" es una película que trasciende el género del terror y se convierte en un comentario poderoso sobre la sociedad y la raza. Su impacto cultural y su habilidad para mantener a los espectadores en vilo la convierten en una obra maestra del cine moderno.

20. AMANECER DE LOS MUERTOS (2004)

Introducción

"Amanecer de los Muertos" es una película de terror y supervivencia dirigida por Zack Snyder y escrita por James Gunn, lanzada en 2004. Esta película es un remake del clásico de George A. Romero de 1978 del mismo nombre. El filme de Snyder ha sido aclamado por su intensidad, sus efectos visuales impresionantes y su capacidad para revitalizar el género zombie en el cine moderno. A lo largo de esta sinopsis, exploraremos los elementos clave de esta emocionante y aterradora película.

Sinopsis

La película comienza con un mundo en crisis mientras los muertos vuelven a la vida para devorar a los vivos. Los eventos se desarrollan en medio del caos y la confusión, ya que la sociedad colapsa bajo el peso de la pandemia zombi. Los protagonistas principales son Ana (interpretada por Sarah Polley), una enfermera que se encuentra atrapada en su casa mientras su esposo es asesinado por su vecina convertida en zombie, y Kenneth (interpretado por Ving Rhames), un oficial de policía que trata de mantener el orden en medio del caos.

Ana y Kenneth se encuentran con otros sobrevivientes, incluidos el conductor de camión Michael (interpretado por Jake Weber), la joven embarazada Luda (interpretada por Inna Korobkina) y el pistolero amargado Andre (interpretado por Mekhi Phifer). Juntos, deciden refugiarse en el Crossroads Mall, un centro comercial aislado.

La película se destaca por su atmósfera tensa y su enfoque en la supervivencia en un mundo devastado por los zombies. El centro comercial ofrece un oasis temporal de seguridad y comodidad, pero también se convierte en una trampa claustrofóbica cuando los muertos vivientes comienzan a rodearlo.

Mientras el grupo se esfuerza por fortificar su refugio, se dan cuenta de que no solo deben lidiar con los zombies, sino también con las tensiones internas y la creciente paranoia. La película aborda temas de miedo, aislamiento y la lucha por la supervivencia en un mundo en ruinas.

Los personajes deben enfrentarse a sus propios miedos y prejuicios mientras luchan por protegerse y mantener la esperanza. Los momentos de horror y violencia son intensos y aterradores, y la película ofrece una combinación de emociones, desde la desesperación hasta la determinación.

El filme también presenta una crítica sutil a la obsesión materialista de la sociedad moderna, ya que los personajes se ven tentados por las lujosas tiendas y los placeres mundanos del centro comercial, incluso en medio del apocalipsis.

La película culmina en un enfrentamiento épico mientras los sobrevivientes intentan escapar del centro comercial en un autobús blindado. La secuencia final es llena de tensión y acción, y ofrece una esperanza efímera en medio de la desolación.

Conclusión

"Amanecer de los Muertos" es una película que ha revitalizado el género zombie en el cine y ha sido aclamada por su intensidad y sus efectos visuales impresionantes. La dirección de Zack Snyder y el guión de James Gunn crearon una experiencia cinematográfica emocionante y aterradora.

La película aborda temas profundos sobre la supervivencia, la desconfianza y la lucha por la humanidad en un mundo en ruinas. Los personajes se enfrentan a dilemas morales y emocionales mientras luchan contra los zombies y sus propios demonios internos.

La película también ofrece una crítica sutil a la obsesión materialista de la sociedad moderna, utilizando el centro comercial como un símbolo de la superficialidad y la alienación.

En resumen, "Amanecer de los Muertos" es una película que ha dejado una marca duradera en el género zombie y en el cine de terror en general. Su combinación de horror visceral y exploración de temas profundos la convierte en una obra maestra del género y una experiencia cinematográfica que sigue siendo emocionante y relevante en la actualidad.

21. LOS OTROS (2001)

Introducción

"Los Otros", dirigida por Alejandro Amenábar, es una película de suspense y horror que ha sido aclamada por su atmósfera tensa, su trama intrigante y su sorprendente giro final. Lanzada en 2001, esta película española-estadounidense se ha convertido en un clásico del género y ha dejado una marca indeleble en la cinematografía moderna. A lo largo de esta sinopsis, exploraremos los elementos clave de esta obra maestra del suspense.

Sinopsis

La película está ambientada en la isla de Jersey, en 1945, justo después de la Segunda Guerra Mundial. La protagonista, Grace Stewart (interpretada por Nicole Kidman), es una mujer estricta y devota que vive en una mansión aislada con sus dos hijos, Anne (interpretada por Alakina Mann) y Nicholas (interpretado por James Bentley). La mansión está completamente cerrada a la luz del sol debido a una extraña enfermedad que afecta a los niños, conocida como "Xeroderma pigmentoso", que los hace extremadamente sensibles a la luz solar.

La película se destaca por su atmósfera sombría y su ambientación en una casa antigua y decadente. La vida de la familia se rige por una serie de reglas estrictas para evitar la exposición a la luz solar. Las cortinas están cerradas en todo momento, y las puertas deben ser cerradas y selladas antes de que la luz del día entre en la casa.

La trama comienza cuando Grace contrata a tres sirvientes para ayudar en la casa después de que sus dos sirvientas anteriores desaparecieran misteriosamente. Los nuevos sirvientes son la anciana Sra. Mills (interpretada por Fionnula Flanagan), el jardinero Mr. Tuttle (interpretado por Eric Sykes) y la joven Lydia (interpretada por Elaine Cassidy).

La tensión en la casa aumenta a medida que extraños sucesos comienzan a ocurrir. Las puertas se abren y cierran solas, se escuchan ruidos extraños en los pasillos y los niños afirman ver a intrusos en la casa. Grace comienza a sospechar que la mansión está embrujada y que los sirvientes pueden estar involucrados en actividades inusuales.

La película juega hábilmente con el suspense y la paranoia a medida que Grace investiga los misterios de la mansión. Las revelaciones lentas y escalofriantes revelan oscuros secretos sobre la historia de la familia y la verdadera naturaleza de la realidad en la casa.

El giro central de la película es que Grace y sus hijos son los verdaderos intrusos en la casa, y los supuestos "sirvientes" son en realidad los fantasmas de las personas que murieron en la mansión años atrás. La película juega con la idea de que la realidad y la percepción pueden ser engañosas, y que los vivos y los muertos pueden coexistir en el mismo espacio.

La película culmina en una serie de revelaciones impactantes y confrontaciones entre los vivos y los muertos. El suspense se intensifica a medida que se desvelan los oscuros secretos de la familia Stewart y la verdad detrás de la historia de la casa.

Conclusión

"Los Otros" es una película de suspense y horror que se ha destacado por su atmósfera tensa, su narrativa intrigante y su sorprendente giro final. La dirección magistral de Alejandro Amenábar y la actuación sobresaliente de Nicole Kidman contribuyen a su éxito.

La película juega con la idea de la percepción y la realidad, y ofrece una experiencia cinematográfica inquietante y emocionante. Los elementos de misterio y suspense mantienen al espectador en vilo mientras se revelan lentamente los oscuros secretos de la mansión.

"Los Otros" es una película que ha dejado una marca duradera en el género del suspense y ha sido aclamada tanto por la crítica como por el público. Su capacidad para sorprender y cautivar al espectador la convierte en una obra maestra del suspense que sigue siendo emocionante y relevante en la actualidad.

22. LA BRUJA (2015)

Introducción

"La Bruja", dirigida por Robert Eggers, es una película de terror psicológico que se ha destacado por su atmósfera opresiva, su estilo visual cautivador y su inmersión en la paranoia religiosa del siglo XVII. Lanzada en 2015, esta película independiente se ha convertido en una obra de culto y ha sido elogiada tanto por la crítica como por el público. A lo largo de esta sinopsis, exploraremos los elementos clave de esta película única.

Sinopsis

La película se desarrolla en la Nueva Inglaterra del siglo XVII, durante la época en que los colonos puritanos buscaban la libertad religiosa en América. La familia protagonista, compuesta por William (interpretado por Ralph Ineson), Katherine (interpretada por Kate Dickie) y sus cinco hijos, es expulsada de la colonia debido a diferencias religiosas.

La familia se establece en una pequeña granja en un área aislada del bosque, donde esperan vivir una vida devota y autosuficiente. Sin embargo, su aislamiento en medio de la naturaleza salvaje y su ferviente religiosidad comienzan a desencadenar una serie de eventos oscuros y perturbadores.

La película se destaca por su atmosfera opresiva y su enfoque en la histeria religiosa y la superstición. Cuando el hijo menor del matrimonio, Samuel, desaparece inexplicablemente mientras está al cuidado de su hermana Thomasin (interpretada por Anya Taylor-Joy), la familia comienza a sospechar que la presencia de una bruja maligna está detrás de la tragedia.

Las tensiones aumentan a medida que los miembros de la familia comienzan a culparse mutuamente y a cuestionar su fe. La falta de alimentos y recursos agrava la situación, y la familia se sumerge en la paranoia y la desesperación.

La película aborda temas profundos relacionados con la religión, la culpa y la histeria colectiva. La familia, atormentada por visiones y pesadillas, comienza a dudar de su salvación y se convence de que están siendo castigados por sus pecados.

El filme se adentra en la psicología de la familia mientras se enfrentan a su propio aislamiento y a la hostilidad de la naturaleza que los rodea. La atmósfera oscura y los personajes complejos crean una sensación de malestar constante a medida que la familia se desintegra emocionalmente.

La película culmina en un clímax aterrador cuando la verdadera naturaleza de la amenaza se revela. Thomasin se encuentra cara a cara con una bruja real, que la seduce y la lleva a un aquelarre oscuro en el bosque. La película ofrece una conclusión perturbadora y ambigua que desafía las expectativas del espectador.

Conclusión

"La Bruja" es una película de terror psicológico que se ha destacado por su atmósfera opresiva, su estilo visual cautivador y su inmersión en la paranoia religiosa del siglo XVII. La dirección magistral de Robert Eggers y las actuaciones impresionantes del elenco contribuyen a su impacto.

La película aborda temas profundos relacionados con la religión, la culpa y la histeria colectiva. Ofrece una mirada inquietante a la psicología de la familia protagonista mientras se enfrenta a sus propios miedos y demonios internos.

"La Bruja" ha sido elogiada por su capacidad para generar una sensación constante de malestar y su inmersión en la paranoia religiosa de la época. Su estilo visual impresionante y su enfoque en lo sobrenatural y lo psicológico la convierten en una película que sigue generando conversación y análisis en la actualidad.

En resumen, "La Bruja" es una película que ha dejado una impresión duradera en el género del terror y en el cine independiente. Su capacidad para sumergir al espectador en la oscuridad de la historia y la psicología de sus personajes la convierte en una obra maestra del género y una experiencia cinematográfica inolvidable.

atrapados en una especie de trance.

23. IT FOLLOWS (2014)

Introducción

"It Follows", dirigida por David Robert Mitchell, es una película de terror independiente que se ha destacado por su originalidad y su enfoque innovador en el género del horror. Lanzada en 2014, la película ha ganado seguidores leales y ha sido aclamada tanto por la crítica como por el público. A lo largo de esta sinopsis, exploraremos los elementos clave de esta película que desafía las convenciones del género.

Sinopsis

La película comienza de manera intrigante con una joven llamada Annie (interpretada por Bailey Spry) huyendo desesperadamente de su casa en un tranquilo vecindario suburbano de Detroit. Esta escena inicial establece un tono de inmediato, al mostrar a Annie siendo acosada por una presencia invisible, una amenaza incomprensible.

La trama principal de la película se centra en Jay Height (interpretada por Maika Monroe), una adolescente que vive en este suburbio de Detroit. Su vida toma un giro siniestro después de una cita con un chico llamado Hugh (interpretado por Jake Weary). Durante un encuentro sexual en un automóvil, Hugh le explica a Jay que ha sido maldecido por una entidad sobrenatural que se manifiesta en diferentes formas humanas y que ahora la persigue a ella. Le transfiere esta maldición a través del acto sexual.

Lo que distingue a esta entidad es que nunca se detiene. Siempre avanza hacia su objetivo, caminando lentamente pero de manera incesante. Si llega a alcanzar a su víctima, la matará y luego se dirigirá al último individuo maldito en la cadena. La única forma de liberarse de esta condena es pasarla a otra persona mediante un encuentro sexual.

La película se destaca por su atmósfera opresiva y su enfoque en la paranoia. Jay se siente cada vez más aislada y vulnerable mientras intenta comprender y escapar de esta amenaza invisible que la persigue. La premisa de la maldición sirve como una metáfora para explorar temas profundos, como la ansiedad sexual, la transmisión de enfermedades y los miedos adolescentes.

Jay busca apoyo en sus amigos, incluyendo a su vecino Paul (interpretado por Keir Gilchrist) y su hermana Kelly (interpretada por Lili Sepe). Juntos, intentan entender y enfrentar esta amenaza sobrenatural que sigue a Jay. La película explora la dinámica de la amistad y la lealtad en medio de una situación aterradora.

La entidad en cuestión tiene la habilidad de tomar la apariencia de personas conocidas o extraños, lo que añade un nivel adicional de terror. Esto crea una sensación constante de desconfianza y tensión, ya que cualquier persona podría ser la entidad enmascarada. La película genera una paranoia constante, donde el espectador se pregunta quién es realmente la amenaza.

"It Follows" se desarrolla en un entorno suburbano que se siente atemporal y onírico. El director, David Robert Mitchell, utiliza una combinación de imágenes inquietantes y una partitura musical electrónica para crear una atmósfera única que contribuye al ambiente de terror.

La película culmina en una escena final impactante en una piscina abandonada, donde Jay y sus amigos intentan lidiar con la entidad sobrenatural de una vez por todas. Esta secuencia está cargada de suspense y es un ejemplo brillante del uso de la cinematografía y la música para crear una atmósfera intensamente inquietante.

Conclusión

"It Follows" es una película de terror que se ha destacado por su originalidad y su enfoque innovador en el género. David Robert Mitchell crea una experiencia cinematográfica inmersiva que juega con la paranoia y la ansiedad, utilizando una premisa de maldición sobrenatural como metáfora para explorar temas más profundos.

La película ha sido elogiada por su capacidad para crear una sensación constante de inquietud y su ambigüedad final que desafía las convenciones del género. Su estilo visual único y su narrativa ambigua la convierten en una película que sigue generando conversación y análisis en la actualidad.

"It Follows" se destaca por su capacidad para explorar temas complejos, como la adolescencia, la sexualidad y el miedo a lo desconocido, de manera inteligente y subyacente. Esta película ha dejado una marca duradera en el género del terror y sigue siendo una obra maestra moderna que continúa desconcertando y cautivando a los espectadores.

24. EXPEDIENTE WARREN (2013)

Introducción

"Expediente Warren" ("The Conjuring" en inglés), dirigida por James Wan y lanzada en 2013, es una película de terror que ha dejado una huella indeleble en el género. Basada en eventos reales, esta película es la primera entrega de la franquicia "Expediente Warren". A lo largo de esta sinopsis, exploraremos los elementos clave de esta película que ha atraído a fanáticos del terror de todo el mundo.

Sinopsis

La película se desarrolla en la década de 1970 y se centra en la vida de los investigadores paranormales Ed Warren (interpretado por Patrick Wilson) y su esposa Lorraine Warren (interpretada por Vera Farmiga). La pareja, famosa por su trabajo en casos sobrenaturales, es llamada a investigar una casa antigua en Harrisville, Rhode Island, después de que la familia Perron, compuesta por Carolyn (interpretada por Lili Taylor) y Roger Perron (interpretado por Ron Livingston) y sus cinco hijas, comienzan a experimentar fenómenos aterradores.

La trama se desarrolla de manera pausada, estableciendo la vida tranquila de la familia Perron en su nueva casa rural. Sin embargo, pronto se ven perturbados por eventos inexplicables que incluyen puertas que se cierran solas, golpes en las paredes y la aparición de figuras espeluznantes. A medida que los eventos escalan en intensidad, la familia Perron se siente cada vez más asustada y desesperada.

Ed y Lorraine Warren llegan a la casa con la intención de investigar y ayudar a la familia Perron. La película explora las tensiones entre la fe y el escepticismo mientras los Warren utilizan métodos científicos y religiosos para lidiar con el mal que acecha en la casa. La relación cercana y amorosa entre Ed y Lorraine agrega profundidad a la historia y agrega un aspecto humano a la narrativa de terror.

Uno de los aspectos destacados de la película es su habilidad para crear una atmósfera inquietante y llena de tensión. James Wan utiliza una combinación de efectos visuales sutiles, movimientos de cámara hábiles y una partitura musical efectiva para mantener al espectador al borde de su asiento. La película evita en gran medida el uso excesivo de efectos especiales y se centra en construir el suspense gradualmente.

A medida que la investigación de los Warren avanza, descubren la historia siniestra de la casa. Resulta que un espíritu malévolo, Bathsheba Sherman, había poseído a una de las antiguas propietarias de la casa y ahora está atormentando a la familia Perron. El espíritu demoníaco se revela como un antagonista aterrador y astuto que pone en peligro tanto a los Warren como a la familia.

La película culmina en una confrontación aterradora en la que Ed y Lorraine Warren intentan exorcizar la casa y liberar a la familia Perron de la influencia demoníaca de Bathsheba Sherman. Esta secuencia está llena de suspense y momentos intensos que mantienen al espectador en vilo hasta el final.

Conclusión

"Expediente Warren" es una película de terror que ha sido elogiada por su capacidad para crear una atmósfera aterradora y su enfoque en personajes convincentes. La actuación de Vera Farmiga y Patrick Wilson como los Warren añade profundidad emocional a la película y la distingue de otras películas de terror.

La película se basa en eventos reales y se apoya en la creencia en lo paranormal, lo que la convierte en una experiencia aún más inquietante para algunos espectadores. La construcción gradual del suspense y la escalada de los eventos paranormales contribuyen a la sensación de terror palpable que se siente a lo largo de la película.

"Expediente Warren" ha sido elogiada por revitalizar el género de terror y por su enfoque en la historia y el desarrollo de personajes. Su éxito llevó a la creación de una franquicia de películas relacionadas con los casos de los Warren, lo que demuestra su impacto duradero en el género.

En resumen, "Expediente Warren" es una película de terror que ha sido aclamada tanto por la crítica como por el público. Su combinación de una historia basada en hechos reales, una atmósfera inquietante y personajes sólidos la convierte en una obra maestra moderna del género del terror que sigue asustando y cautivando a los espectadores.

25. LA PROFECÍA (1976)

Introducción

"La Profecía" ("The Omen" en inglés), dirigida por Richard Donner y lanzada en 1976, es una película de terror que ha dejado una huella indeleble en el género. La película se centra en temas de religión, misterio y el conflicto entre el bien y el mal. A lo largo de esta sinopsis, exploraremos los elementos clave de esta película que ha aterrorizado a generaciones de cinéfilos.

Sinopsis

La película comienza con la misteriosa adopción de un niño, Damien Thorn, por parte de Robert Thorn (interpretado por Gregory Peck), un diplomático estadounidense, y su esposa, Katherine (interpretada por Lee Remick). La pareja adopta a Damien después de que su propio hijo muere en el parto, sin revelarle a Katherine la verdad sobre la adopción.

La trama se desarrolla con rapidez cuando extraños eventos empiezan a rodear a la familia Thorn. La niñera de Damien se suicida de manera espeluznante durante una fiesta de cumpleaños. Un sacerdote, el Padre Brennan (interpretado por Patrick Troughton), advierte a Robert Thorn sobre la verdadera identidad de Damien y el peligro que representa. El Padre Brennan también menciona la profecía bíblica que predice que el hijo del diablo traerá el apocalipsis.

El Padre Brennan muere en circunstancias misteriosas, pero sus advertencias dejan una profunda impresión en Robert Thorn, quien comienza a investigar el pasado de Damien. Sus investigaciones lo llevan a descubrir que su hijo adoptivo tiene una historia sombría y está relacionado con un culto religioso llamado la "Sociedad de Thorns". También descubre que la niñera que se suicidó había sido asignada para proteger a Damien desde su nacimiento.

La película utiliza elementos religiosos y simbólicos para crear una atmósfera inquietante. La trama se centra en la lucha entre el bien y el mal, con Damien como el supuesto Anticristo. Los acontecimientos paranormales y las muertes misteriosas que rodean a la familia Thorn aumentan la sensación de terror.

Robert Thorn busca respuestas y la ayuda de un fotógrafo, Keith Jennings (interpretado por David Warner), que también ha investigado el oscuro pasado de Damien. Juntos, descubren una serie de pistas que los llevan a lugares religiosos en Roma y Gran Bretaña, donde se revela la verdad sobre la identidad de Damien.

La película presenta una serie de muertes gráficas y aterradoras, incluida una escena en la que una mujer es decapitada por una placa de vidrio en una iglesia. Estas muertes se relacionan con los intentos de proteger a Damien de ser descubierto como el Anticristo.

La trama culmina en un enfrentamiento aterrador en un cementerio en Roma, donde Robert Thorn enfrenta al sacerdote maligno, el Padre Merrin (interpretado por Patrick Troughton), y descubre la verdad sobre el nacimiento de Damien. Se revela que Damien es el hijo del diablo y que su verdadero propósito es desencadenar el apocalipsis.

Conclusión

"La Profecía" es una película de terror que ha dejado una marca indeleble en el género. Su enfoque en temas religiosos, el conflicto entre el bien y el mal, y el misterio que rodea al personaje de Damien Thorn han hecho que esta película sea inolvidable para los amantes del terror.

La película utiliza elementos religiosos y simbólicos para crear una atmósfera inquietante. La actuación de Gregory Peck como Robert Thorn agrega profundidad al personaje y al dilema moral que enfrenta. La película también es conocida por su partitura musical impactante y su dirección habilidosa por parte de Richard Donner.

"La Profecía" ha sido aclamada tanto por la crítica como por el público y ha llevado a la creación de varias secuelas y remakes. Su capacidad para explorar temas oscuros y provocativos relacionados con el mal y la religión ha dejado una impresión duradera en la cultura popular y en el género del terror.

En resumen, "La Profecía" es una película de terror que ha resistido la prueba del tiempo debido a su enfoque único y su capacidad para generar un sentido palpable de terror. La lucha entre el bien y el mal, personificada en el personaje de Damien Thorn, sigue siendo una fuente de fascinación y miedo para los espectadores.

26. GARRAS HUMANAS (1927)

Introducción

"Garras Humanas" ("The Unknown" en inglés), dirigida por Tod Browning y lanzada en 1927, es una película muda que se encuentra entre las obras más inquietantes y únicas del cine de la época. Esta película ha sido elogiada por su atmósfera macabra, sus actuaciones excepcionales y su capacidad para explorar temas oscuros. A lo largo de esta sinopsis, exploraremos los elementos clave de esta película que desafió las convenciones de su tiempo.

Sinopsis

La película se desarrolla en un circo ambulante francés, un entorno sombrío y misterioso que establece de inmediato un tono inquietante. Al centro del circo se encuentra Alonzo the Armless (interpretado por Lon Chaney), un artista que realiza acrobacias impresionantes con sus pies. La audiencia queda asombrada por su habilidad, pero lo que nadie sabe es que Alonzo esconde un oscuro secreto: en realidad, tiene brazos perfectamente funcionales pero los oculta bajo una chaqueta falsa para que pueda llevar a cabo una serie de robos y asesinatos sin ser identificado.

La trama se complica cuando Alonzo se enamora de Nanon (interpretada por Joan Crawford), una joven y hermosa artista de circo que sufre de una aversión intensa hacia los hombres debido a un trauma de la infancia. Nanon solo permite que Alonzo la toque y la acaricie debido a su falta de brazos, lo que la hace sentir segura. Esta relación es el núcleo emocional de la película y plantea preguntas sobre la verdadera naturaleza del amor y la obsesión.

La película también introduce a Malabar the Mighty (interpretado por Norman Kerry), un joven fuerte del circo que se enamora perdidamente de Nanon. Esto crea un triángulo amoroso complejo y peligroso, ya que Alonzo se da cuenta de que debe eliminar a su rival para mantener su relación con Nanon.

A medida que la trama avanza, se revela la verdadera naturaleza retorcida de Alonzo. Comete asesinatos brutales para mantener su disfraz de hombre sin brazos y para alejar a cualquier competencia por el afecto de Nanon. Su obsesión por ella lo lleva a cometer actos cada vez más horribles, y la película se sumerge más profundamente en la psicología retorcida de su personaje.

La película culmina en un enfrentamiento aterrador en el que Alonzo intenta asesinar a Malabar, pero Nanon interviene para salvarlo. Esto conduce a un final trágico y oscuro que revela la verdadera naturaleza del personaje de Alonzo y su destino inevitable.

Conclusión

"Garras Humanas" es una película única y atípica que ha dejado una impresión duradera en la historia del cine. La dirección de Tod Browning y la actuación de Lon Chaney como Alonzo the Armless son aspectos destacados de la película. Chaney, conocido como "El hombre de las mil caras", entregó una actuación memorable y conmovedora que le valió el reconocimiento en la industria cinematográfica.

La película se destaca por su atmósfera macabra y su exploración de temas oscuros como la obsesión, el amor y la deformidad. La relación entre Alonzo y Nanon es el corazón de la película y plantea preguntas profundas sobre la naturaleza del afecto y la aceptación.

"Garras Humanas" ha sido elogiada por su capacidad para desafiar las convenciones cinematográficas de la época y por su habilidad para crear una sensación constante de inquietud. La película se encuentra entre las obras maestras del cine mudo y sigue siendo una referencia importante en la historia del cine de terror.

En resumen, "Garras Humanas" es una película que se destaca por su atmósfera única y su exploración de temas oscuros. La actuación de Lon Chaney y la dirección de Tod Browning la convierten en una película inolvidable que sigue fascinando y perturbando a los espectadores hasta el día de hoy.

27. MIDSOMMAR (2019)

Introducción

"Midsommar", dirigida por Ari Aster y lanzada en 2019, es una película de terror psicológico que ha dejado a la audiencia desconcertada y fascinada. Esta película es el segundo largometraje de Ari Aster después de su exitosa "Hereditary". A lo largo de esta sinopsis, exploraremos los elementos clave de esta película que ha redefinido el género del horror.

Sinopsis

La película sigue a Dani (interpretada por Florence Pugh), una joven que enfrenta una devastadora tragedia familiar al comienzo de la película. Después de una serie de eventos impactantes, Dani se convierte en una figura vulnerable y traumatizada.

Dani está en una relación turbulenta con Christian (interpretado por Jack Reynor), quien planea un viaje a Suecia con sus amigos para asistir a un festival cultural de verano que ocurre una vez cada noventa años en una comunidad aislada. Dani, en busca de apoyo emocional, se une al viaje junto a Christian y sus amigos: Mark (interpretado por Will Poulter), Josh (interpretado por William Jackson Harper) y Pelle (interpretado por Vilhelm Blomgren).

El grupo llega a la pintoresca y remota aldea sueca de Hårga, donde son recibidos por los habitantes locales, vestidos con trajes tradicionales. La película presenta una impresionante cinematografía que resalta la belleza y el aislamiento de la aldea rural. Sin embargo, a medida que la trama avanza, esta belleza se convierte en una fachada para algo mucho más oscuro.

La trama se desarrolla durante el festival de Midsommar, que incluye una serie de rituales y costumbres extrañas y a menudo perturbadoras. Los visitantes extranjeros, incluido el grupo de amigos, se ven arrastrados gradualmente a estas tradiciones, a pesar de su creciente inquietud y desconcierto.

La película explora temas profundos como el choque cultural, la pertenencia y la tradición. Los amigos, aunque inicialmente escépticos y desconcertados, son absorbidos gradualmente por la cultura y la comunidad de Hårga, especialmente Dani, quien encuentra una extraña pero reconfortante conexión con los habitantes locales.

A medida que el festival avanza, los rituales se vuelven más y más intensos y perturbadores. La película utiliza la luz del sol perpetua del verano sueco como contraste con los eventos cada vez más oscuros y perturbadores que se desarrollan en la aldea. Ari Aster crea una atmósfera de creciente tensión y desconcierto, manteniendo a la audiencia en vilo.

El filme se sumerge en lo desconocido y lo grotesco a medida que revela el propósito real del festival de Midsommar y las tradiciones que rodean a la aldea. Las escenas impactantes y perturbadoras comienzan a desvelarse, y la película lleva a los personajes y a la audiencia a una pesadilla surrealista.

La trama culmina en una serie de eventos aterradores que desafían la comprensión de la realidad y la moralidad. Dani, en un estado de vulnerabilidad y desesperación, se convierte en el centro de los eventos finales, lo que lleva a un clímax aterrador y una revelación espeluznante.

Conclusión

"Midsommar" es una película de terror psicológico que ha dejado a la audiencia en un estado de asombro y perturbación. La dirección de Ari Aster y la actuación de Florence Pugh como Dani son aspectos destacados de la película. Pugh entrega una actuación conmovedora y cautivante que lleva al espectador a través de la montaña rusa emocional de su personaje.

La película se destaca por su habilidad para crear una atmósfera de inquietud constante y su capacidad para explorar temas profundos y oscuros. Aborda cuestiones de trauma, pertenencia y la lucha entre lo conocido y lo desconocido. La película juega con la idea de lo incomprensible y desafía la percepción de la realidad de los personajes y la audiencia.

Ari Aster utiliza el festival de Midsommar como un contexto inquietante para explorar temas más profundos y oscuros. La belleza de la cinematografía y la luz del sol perpetua del verano sueco contrastan de manera efectiva con los eventos perturbadores que se desarrollan en la película.

En resumen, "Midsommar" es una película que ha redefinido el género del terror psicológico. Su capacidad para perturbar y asombrar a la audiencia, así como su exploración de temas profundos y oscuros, la convierten en una obra maestra moderna del género. Esta película sigue siendo un tema de conversación y análisis en la comunidad cinematográfica y continúa desconcertando y cautivando a los espectadores.

de la mansión, quienes actúan de manera sumisa y parecen estar atrapados en una especie de trance.

28. PESADILLA EN ELM STREET (1984)

Introducción

"Pesadilla en Elm Street" ("A Nightmare on Elm Street" en inglés), dirigida por Wes Craven y lanzada en 1984, es una película icónica que revolucionó el género del terror y presentó al mundo a uno de los villanos más memorables del cine, Freddy Krueger. A lo largo de esta sinopsis, exploraremos los elementos clave de esta película que se ha convertido en un clásico del género.

Sinopsis

La película comienza en la tranquila ciudad de Elm Street, donde un grupo de adolescentes descubre que están experimentando horribles pesadillas que involucran a un hombre con garras afiladas en su mano. Este hombre, vestido con un suéter a rayas rojas y verdes y un sombrero de ala ancha, es conocido como Freddy Krueger (interpretado por Robert Englund). Sus pesadillas son tan vívidas y aterradoras que causan angustia real en los jóvenes.

La trama se centra en Nancy Thompson (interpretada por Heather Langenkamp), una de las adolescentes afectadas por las pesadillas de Freddy. Nancy es una joven valiente y decidida que está decidida a descubrir la verdad detrás de estas pesadillas aterradoras. A medida que investiga, descubre que sus amigos también están siendo atacados por

Freddy en sus sueños y que algunos de ellos han muerto en circunstancias extrañas.

Una de las revelaciones más inquietantes de la película es que, si Freddy mata a alguien en sus sueños, esa persona también muere en la vida real. Esto añade un nivel adicional de terror, ya que los personajes luchan por mantenerse despiertos y evitar el sueño a toda costa. La película juega con la idea de la realidad y los sueños de manera efectiva, creando una sensación constante de tensión y desconcierto.

Nancy busca la ayuda de su novio Glen (interpretado por Johnny Depp en su primer papel cinematográfico importante) y del padre de Glen, el sheriff de la ciudad. Sin embargo, se da cuenta de que los adultos de Elm Street están ocultando un oscuro secreto sobre Freddy Krueger y su verdadera identidad.

A medida que la película avanza, Nancy se da cuenta de que la única forma de enfrentar a Freddy es confrontarlo en su propio terreno, en el mundo de los sueños. Ella se embarca en un plan desesperado para atraparlo y poner fin a su reinado de terror de una vez por todas. Esta trama culmina en un enfrentamiento aterrador en el mundo de los sueños, donde Nancy lucha valientemente contra Freddy.

La película ofrece una serie de secuencias de terror icónicas y perturbadoras, incluida la famosa escena en la que Freddy aparece a través de la cama de Glen y lo arrastra hacia su pesadilla. El uso de efectos especiales prácticos y visuales creativos añade una capa adicional de horror a la película.

Conclusión

"Pesadilla en Elm Street" es una película que ha dejado una marca indeleble en el género del terror. La dirección de Wes Craven y la actuación de Robert Englund como Freddy Krueger son aspectos destacados de la película. Englund crea un villano icónico que es al mismo tiempo espeluznante y carismático.

La película se destaca por su capacidad para jugar con los límites entre la realidad y los sueños, creando una sensación constante de tensión y desconcierto. La premisa de que la muerte en un sueño también significa la muerte en la vida real añade un elemento de horror único y perturbador.

"Pesadilla en Elm Street" también es conocida por su uso efectivo de secuencias de terror visualmente impactantes y su partitura musical inquietante. La película ha llevado a la creación de una franquicia que incluye múltiples secuelas, remakes y adaptaciones en otras formas de medios.

En resumen, "Pesadilla en Elm Street" es una película que ha dejado una impresión duradera en la cultura popular y en el género del terror. Su capacidad para crear un villano icónico y jugar con los temores más profundos relacionados con los sueños la convierten en una película clásica que sigue asustando y cautivando a los espectadores hasta el día de hoy.

29. EL SILENCIO DE LOS CORDEROS (1991)

Introducción

"El Silencio de los Corderos" ("The Silence of the Lambs" en inglés), dirigida por Jonathan Demme y lanzada en 1991, es una película de suspense y horror que ha dejado una huella indeleble en el cine. Basada en la novela de Thomas Harris, esta película es la segunda adaptación de la serie de libros centrada en el personaje del Dr. Hannibal Lecter. A lo largo de esta sinopsis, exploraremos los elementos clave de esta película que se ha convertido en un clásico del género y ha recibido múltiples premios de la Academia.

Sinopsis

La película comienza con la introducción de la joven agente del FBI, Clarice Starling (interpretada por Jodie Foster), quien es reclutada para trabajar en el caso de un asesino en serie conocido como "Buffalo Bill" (interpretado por Ted Levine). Bill ha estado secuestrando y asesinando brutalmente a mujeres jóvenes, y el FBI está desesperado por detenerlo antes de que pueda matar a otra víctima.

Para obtener información sobre la mente de Bill, Clarice se encuentra con el brillante pero siniestro Dr. Hannibal Lecter (interpretado por Anthony Hopkins), un psiquiatra forense y asesino en serie encerrado en una prisión de máxima seguridad. Lecter es conocido por su inteligencia sobrenatural y su capacidad para manipular y controlar a las personas. La relación entre Clarice y Lecter se convierte en un juego de ajedrez psicológico, donde él le proporciona pistas y ayuda a cambio de detalles sobre su vida y su psicología.

La trama se desarrolla con una serie de entrevistas entre Clarice y Lecter, donde él revela pistas sobre la identidad de Buffalo Bill. Estas escenas son notables por la actuación magistral de Anthony Hopkins, que le valió un Premio de la Academia. Lecter es retratado como un personaje aterradormente inteligente y carismático, capaz de oscilar entre la cortesía y la monstruosidad en un instante.

A medida que Clarice investiga el caso, descubre pistas que la llevan a la casa de Jack Crawford (interpretado por Scott Glenn), el jefe de la división de Ciencias del Comportamiento del FBI. Allí, encuentra una misteriosa mariposa que sugiere una conexión entre las víctimas de Buffalo Bill y un antiguo paciente de Lecter.

El suspenso aumenta cuando Bill secuestra a la hija de una senadora local y la encierra en un pozo en su sótano. Clarice se da cuenta de que el tiempo se agota y que debe atrapar a Bill antes de que mate a su última víctima.

La película culmina en una confrontación aterradora en la casa de Buffalo Bill, donde Clarice se enfrenta a él en una lucha desesperada por salvar a la joven secuestrada. Esta secuencia está llena de tensión y horror, y es uno de los momentos más memorables de la película.

Conclusión

"El Silencio de los Corderos" es una película que ha dejado una marca indeleble en el cine. La dirección de Jonathan Demme y las actuaciones magistrales de Jodie Foster y Anthony Hopkins son aspectos destacados de la película. Hopkins, en particular, creó uno de los villanos más icónicos en la historia del cine con su interpretación del Dr. Hannibal Lecter.

La película es conocida por su capacidad para crear una atmósfera inquietante y llena de suspenso. La relación entre Clarice y Lecter añade una capa adicional de complejidad y tensión a la trama, y su juego de ajedrez psicológico es uno de los aspectos más intrigantes de la película.

"El Silencio de los Corderos" ha sido elogiada tanto por la crítica como por el público y ha recibido múltiples premios de la Academia, incluido el Premio de la Academia a la Mejor Película. Su impacto en el género del suspense y el horror es innegable, y la película continúa siendo una referencia importante en la cultura popular.

En resumen, "El Silencio de los Corderos" es una película que ha resistido la prueba del tiempo debido a su dirección hábil, actuaciones excepcionales y capacidad para crear un sentido constante de suspenso y terror. Su influencia en el cine y la cultura popular es innegable, y sigue siendo una obra maestra del género.

30. AL FINAL DE LA ESCALERA (1980)

Introducción

"Al Final de la Escalera" ("The Changeling" en inglés), dirigida por Peter Medak y lanzada en 1980, es una película de terror sobrenatural que ha sido aclamada por su atmósfera inquietante y su narrativa intrigante. A lo largo de esta sinopsis, exploraremos los elementos clave de esta película que se ha convertido en un clásico del género.

Sinopsis

La película comienza con John Russell (interpretado por George C. Scott), un compositor y profesor de música, que sufre una tragedia devastadora cuando su esposa y su hija mueren en un accidente automovilístico en su casa en Nueva York. Consumido por el dolor, John decide alejarse de la ciudad y acepta un trabajo en una universidad en Seattle.

John alquila una casa antigua y aparentemente encantadora en la ciudad. A pesar de su historia sombría, que incluye un asesinato sin resolver de décadas atrás, John espera encontrar la paz y la tranquilidad que tanto necesita para superar su dolor.

Sin embargo, desde el momento en que se muda, comienzan a ocurrir eventos extraños y aterradores en la casa. John escucha ruidos inexplicables, puertas que se abren y cierran solas y siente una presencia inexplicable en la casa. La película establece una atmósfera inquietante que crea una sensación constante de tensión.

John comienza a investigar los fenómenos paranormales en la casa y descubre pistas que lo llevan a creer que la casa está encantada. Encuentra un medallón de oro, una pelota de goma roja y una caja musical en el ático, elementos que parecen tener una conexión con los eventos sobrenaturales.

Para obtener respuestas, John se comunica con Claire Norman (interpretada por Trish Van Devere), una mujer que trabaja en una organización histórica local. Juntos, investigan la historia de la casa y descubren un oscuro secreto relacionado con el antiguo propietario, un senador y psicópata llamado Joseph Carmichael.

La trama se desarrolla con una serie de revelaciones impactantes sobre la vida de Carmichael y su conexión con la casa. John también comienza a tener encuentros directos con la entidad sobrenatural que habita en la casa. A medida que profundiza en la historia de la casa y su conexión con Carmichael, se da cuenta de que debe enfrentarse a la entidad y resolver el misterio que la rodea.

La película culmina en un enfrentamiento aterrador en el que John se comunica con la entidad y descubre la verdad detrás de su presencia en la casa. La revelación final es impactante y arroja luz sobre la historia oscura de la casa y su conexión con el asesinato sin resolver.

Conclusión

"Al Final de la Escalera" es una película de terror sobrenatural que ha sido aclamada por su capacidad para crear una atmósfera inquietante y su narrativa intrigante. La dirección de Peter Medak y la actuación de George C. Scott como John Russell son aspectos destacados de la película.

La película se destaca por su enfoque en la construcción del suspense y la creación de una sensación constante de tensión. A diferencia de muchas películas de terror contemporáneas, "Al Final de la Escalera" se enfoca en el desarrollo de personajes y la narrativa, lo que la convierte en una experiencia cinematográfica inmersiva.

El misterio que rodea a la casa y su conexión con el pasado oscuro de Joseph Carmichael es un elemento central de la película y mantiene al espectador intrigado hasta el final. La película también aborda temas de pérdida, duelo y redención a medida que John Russell enfrenta sus propios demonios personales mientras lucha contra las fuerzas sobrenaturales.

En resumen, "Al Final de la Escalera" es una película de terror que se destaca por su atmósfera inquietante y su narrativa intrigante. Su enfoque en el suspense y el misterio la convierte en un clásico del género que sigue siendo apreciado por los amantes del cine de terror hasta el día de hoy.

31. LA MÁSCARA DEL DEMONIO (1960)

Introducción

"La Máscara del Demonio" ("Black Sunday" en inglés), dirigida por Mario Bava y lanzada en 1960, es una película de terror gótico que se ha convertido en una obra maestra del género. Esta película italiana, también conocida como "La Máscara de Satán", es reconocida por su atmósfera inquietante, su estilo visual impresionante y su influencia duradera en el cine de terror. A lo largo de esta sinopsis, exploraremos los elementos clave de esta película que ha dejado una huella indeleble en el género del terror.

Sinopsis

La película comienza en el siglo XVII en Moldavia, donde una sacerdotisa satánica llamada Asa Vajda (interpretada por Barbara Steele) y su amante, Javuto, son condenados por la Inquisición. Se les acusa de brujería y adoración al diablo. Antes de ser ejecutados, Asa lanza una maldición sobre sus acusadores y promete regresar del más allá para vengarse.

La trama luego se traslada a la actualidad, donde dos médicos, el Dr. Kruvajan y el Dr. Gorobec, viajan a la región para asistir a una conferencia médica. En su camino, se encuentran con la cripta donde Asa Vajda fue enterrada hace siglos y deciden explorarla. Allí, descubren el sarcófago de Asa y una máscara de hierro clavada en su rostro para evitar que regrese de la muerte. Sin embargo, cuando un rayo golpea la máscara, la maldición se activa y Asa resucita.

Asa, ahora con el rostro de Barbara Steele y un aspecto aterrador, se une a Javuto y comienza su búsqueda de venganza contra la familia que la condenó siglos atrás. La película se sumerge en el horror gótico, con elementos de vampirismo y posesión demoníaca.

El Dr. Kruvajan y el Dr. Gorobec pronto se dan cuenta de la amenaza que representa Asa y se unen a la lucha para detenerla. Sin embargo, enfrentar a un ser sobrenatural y vengativo es una tarea monumental.

La película presenta una serie de escenas visualmente impactantes, incluida una secuencia en la que Asa se transforma en un cuervo y ataca a sus víctimas. El estilo visual de Mario Bava, que utiliza una paleta de colores sombríos y una iluminación expresiva, crea una atmósfera inquietante y única que contribuye al sentido constante de tensión.

La trama se desarrolla con una serie de giros y vueltas, mientras Asa intenta recuperar su poder completo y consumir el alma de su descendiente, la princesa Katia (también interpretada por Barbara Steele). La tensión aumenta a medida que los personajes luchan por descubrir cómo destruir a Asa de una vez por todas.

La película culmina en un enfrentamiento final en la cripta, donde el Dr. Kruvajan y el Dr. Gorobec deben usar su ingenio y valentía para enfrentarse a Asa y poner fin a su reinado de terror.

Conclusión

"La Máscara del Demonio" es una película que ha dejado una huella indeleble en el género del terror. La dirección de Mario Bava y la actuación de Barbara Steele son aspectos destacados de la película. Steele ofrece una interpretación memorable como el personaje dual de Asa Vajda y la princesa Katia, y su presencia en pantalla es imponente y aterradora.

La película se destaca por su atmósfera inquietante y su estilo visual impresionante. Mario Bava, conocido como el maestro del giallo italiano, demuestra su habilidad para crear un mundo gótico y sombrío lleno de horror y misterio.

"La Máscara del Demonio" ha sido elogiada por su capacidad para evocar el espíritu del cine de terror gótico clásico y su influencia en el género. La película también ha sido reconocida por su audacia en el uso de efectos especiales prácticos y su enfoque en el horror visual.

En resumen, "La Máscara del Demonio" es una película de terror que ha resistido la prueba del tiempo debido a su atmósfera inquietante, su estilo visual impresionante y su narrativa cautivadora. Su influencia en el cine de terror y su estatus como obra maestra del género la convierten en una película que sigue siendo apreciada por los amantes del cine de terror hasta el día de hoy.

32. CARRIE (1976)

Introducción

"Carrie," dirigida por Brian De Palma y lanzada en 1976, es una película icónica que adapta la novela homónima de Stephen King. Esta película de terror se ha convertido en un clásico del género y ha influido en muchas otras películas y obras de terror. A lo largo de esta sinopsis, exploraremos los elementos clave de "Carrie" y su impacto en el cine de terror.

Sinopsis

La película comienza en un vestuario de gimnasia de una escuela secundaria, donde la adolescente Carrie White (interpretada por Sissy Spacek) está experimentando su primera menstruación en medio de las burlas y el acoso de sus compañeras. Carrie, una joven tímida y socialmente inepta, se convierte en un paria en la escuela debido a su madre extremadamente religiosa y dominante, Margaret White (interpretada por Piper Laurie), quien la ha criado con creencias puritanas y un profundo temor al pecado.

La escena del vestuario se convierte en una pesadilla cuando las compañeras de clase de Carrie arrojan toallas sanitarias y la insultan cruelmente. La humillación llega a su punto máximo cuando una de las chicas, Sue Snell (interpretada por Amy Irving), se arrepiente de su participación en el acoso y convence a su novio, Tommy Ross (interpretado por William Katt), de llevar a Carrie al baile de graduación como una forma de disculpa.

Carrie, inicialmente escéptica, acepta la invitación de Tommy al baile, lo que la llena de esperanza de experimentar una noche de normalidad y felicidad. Mientras tanto, una de las compañeras de clase de Carrie, Chris Hargensen (interpretada por Nancy Allen), está furiosa por haber sido castigada por la directora del colegio después del incidente en el vestuario. Chris planea una venganza maliciosa contra Carrie con la ayuda de su novio, Billy Nolan (interpretado por John Travolta).

La película se desarrolla a medida que Carrie experimenta un despertar de sus habilidades telequinéticas, que se manifiestan en momentos de estrés y emoción intensa. Estos poderes crecen en intensidad a medida que se acerca el baile de graduación.

La noche del baile de graduación llega, y Carrie se viste con un hermoso vestido que Tommy le regaló. A medida que la pareja llega al baile, son coronados rey y reina del baile, lo que genera asombro y aplausos. Sin embargo, en ese momento de felicidad, Chris y Billy ejecutan su plan malévolo. Después de que Tommy y Carrie son coronados, un balde lleno de sangre de cerdo se vierte sobre Carrie, cubriéndola en sangre mientras la multitud ríe y aplaude sin entender la crueldad de la broma.

La reacción de Carrie a la humillación es explosiva. Utiliza sus poderes telequinéticos para cerrar todas las puertas de la sala, apagar las luces y desencadenar el caos. La película presenta una serie de secuencias impactantes en las que Carrie utiliza su poder para vengarse de sus compañeros de clase y destruir el gimnasio del colegio.

La película culmina en una confrontación entre Carrie y su madre, Margaret, quien intenta asesinar a su hija para salvar su alma de la corrupción. La confrontación se vuelve violenta y culmina en un trágico y aterrador clímax.

Conclusión

"Carrie" es una película que ha dejado una marca indeleble en el cine de terror. La dirección de Brian De Palma y las actuaciones de Sissy Spacek como Carrie y Piper Laurie como Margaret son aspectos destacados de la película. Spacek ofrece una actuación conmovedora y aterradora como la marginada que finalmente se venga de sus acosadores.

La película se destaca por su capacidad para crear una atmósfera de tensión y opresión. La relación disfuncional entre Carrie y su madre es un tema central y añade una capa adicional de horror psicológico a la película.

"Carrie" también es notable por su impacto en el género del terror y la cultura popular. La película aborda temas de acoso escolar, abuso y venganza, lo que la convierte en una película profundamente perturbadora y relevante.

En resumen, "Carrie" es una película de terror que ha resistido la prueba del tiempo debido a su capacidad para crear una atmósfera inquietante y su exploración de temas oscuros y perturbadores. Su influencia en el género del terror y su estatus como un clásico del cine de terror la convierten en una película que sigue siendo apreciada y estudiada por los amantes del género hasta el día de hoy.

33. LOS PÁJAROS (1963)

Introducción

"Los Pájaros," dirigida por el maestro del suspense Alfred Hitchcock en 1963, es una película que ha dejado una huella indeleble en el género del cine de terror. Basada en un cuento de Daphne du Maurier, la película es un ejemplo magistral de la capacidad de Hitchcock para crear tensión y terror a partir de elementos cotidianos. A lo largo de esta sinopsis, exploraremos los elementos clave de esta película icónica.

Sinopsis

La película comienza en San Francisco, donde conocemos a Melanie Daniels (interpretada por Tippi Hedren), una mujer adinerada y despreocupada que se encuentra en una tienda de aves exóticas en busca de un regalo para su amorío. Allí, Melanie conoce a Mitch Brenner (interpretado por Rod Taylor), un abogado que está buscando un regalo para su hermana. Encantado por Melanie, Mitch decide jugar una broma haciéndose pasar por un empleado de la tienda y entrega los pájaros a su casa. Melanie decide devolver la broma y viaja a la pequeña ciudad costera de Bodega Bay para entregarle los pájaros a Mitch.

Sin embargo, cuando Melanie llega a Bodega Bay, una serie de eventos extraños y violentos comienzan a tener lugar. Los pájaros de la ciudad, inicialmente representados como seres inofensivos y majestuosos, comienzan a comportarse de manera errática y agresiva. Atacan a los residentes de la ciudad sin previo aviso ni motivo aparente. Hitchcock utiliza un enfoque lento y sutil para construir la tensión, con ataques de pájaros ocasionales que aumentan en frecuencia e intensidad a medida que avanza la película.

La trama se desarrolla a medida que Melanie y Mitch tratan de descubrir la causa de este comportamiento extraño de los pájaros. Sus investigaciones revelan que algo ha perturbado gravemente el equilibrio natural y la ecología de la región. Los ataques de los pájaros se vuelven cada vez más violentos y amenazadores, y la ciudad se convierte en un lugar aterrador y claustrofóbico.

La tensión aumenta cuando Melanie, Mitch, la madre de Mitch (interpretada por Jessica Tandy) y su hermana Cathy (interpretada por Veronica Cartwright) se refugian en la casa de la familia Brenner. Los ataques de los pájaros se intensifican hasta el punto en que los personajes están atrincherados en la casa, temerosos de abandonarla. La película presenta una serie de secuencias aterradoras en las que los pájaros atacan la casa y a sus habitantes, incluida una memorable escena en la que los pájaros rompen las ventanas en un intento de entrar.

La película culmina en un final abrupto y enigmático mientras los personajes abandonan la ciudad en un coche destrozado, rodeados por una gran cantidad de pájaros que los observan en silencio.

Conclusión

"Los Pájaros" es una película que ha dejado una marca indeleble en el género del cine de terror. La dirección de Alfred Hitchcock y las actuaciones de Tippi Hedren, Rod Taylor y el resto del elenco son aspectos destacados de la película. Hitchcock utiliza su talento característico para crear una atmósfera de tensión constante, convirtiendo a los pájaros en un símbolo aterrador de la naturaleza que se rebela contra la humanidad.

La película es conocida por su enfoque en el suspense y la construcción gradual de la tensión, así como por su uso efectivo de la música y el sonido para crear una sensación de inquietud. Además, Hitchcock aprovecha al máximo los efectos visuales disponibles en la época para representar los ataques de los pájaros, lo que añade un elemento impactante a la película.

"Los Pájaros" ha sido elogiada por su capacidad para tomar algo tan común y pacífico como las aves y convertirlo en una fuente de terror. La película juega con el miedo a lo desconocido y la imprevisibilidad de la naturaleza, lo que la convierte en una experiencia cinematográfica aterradora y memorable.

En resumen, "Los Pájaros" es una película que ha resistido la prueba del tiempo debido a su capacidad para crear una atmósfera de tensión inquietante y su representación aterradora de la naturaleza en su estado más primitivo y vengativo. Su influencia en el cine de terror y su estatus como una obra maestra del género la convierten en una película que sigue siendo apreciada y estudiada por los amantes del cine hasta el día de hoy.

19. DÉJAME SALIR (2017)

Introducción

"Déjame Entrar" ("Let the Right One In" en inglés), dirigida por Tomas Alfredson y lanzada en 2008, es una película sueca que ha sido aclamada por su enfoque único en el género de vampiros. Basada en la novela homónima de John Ajvide Lindqvist, la película es una obra maestra del cine de terror y romance. A lo largo de esta sinopsis, exploraremos los elementos clave de esta película que ha dejado una huella indeleble en el género.

Sinopsis

La película se desarrolla en un frío y oscuro suburbio de Estocolmo, Suecia. Conocemos a Oskar (interpretado por Kåre Hedebrant), un niño solitario y vulnerable de 12 años que sufre acoso escolar por parte de sus compañeros de clase. Oskar lleva una vida solitaria y se refugia en una caja llena de recortes de noticias sobre crímenes violentos y asesinatos, lo que refleja su fascinación por la oscuridad y la violencia.

Un día, Oskar conoce a Eli (interpretada por Lina Leandersson), una niña de aspecto pálido que se muda al apartamento vecino junto con un hombre adulto llamado Håkan (interpretado por Per Ragnar). Aunque Eli inicialmente trata de mantenerse alejada de Oskar, pronto se forma una extraña amistad entre los dos niños. Eli es diferente; solo sale de noche, no siente frío y parece tener una gran sensibilidad para el olor de la sangre.

A medida que su amistad se profundiza, Oskar descubre el oscuro secreto de Eli: es una vampira que necesita sangre humana para sobrevivir. Eli está atrapada en un ciclo de violencia, dependiendo de Håkan para obtener sangre humana, pero también luchando contra su necesidad de amistad y conexión. A pesar del horror de su verdadera naturaleza, Oskar acepta a Eli y su amistad se convierte en una forma de refugio para ambos.

La trama se desarrolla con un enfoque en la relación entre Oskar y Eli mientras enfrentan los peligros de la vida nocturna. Håkan, el cuidador de Eli, se convierte en un personaje central que lucha por satisfacer las necesidades de Eli mientras intenta protegerla del descubrimiento y la persecución de las autoridades. La película también presenta a otros residentes del complejo de apartamentos que comienzan a sospechar de las actividades extrañas de Eli y Håkan.

A medida que los peligros aumentan y el misterio que rodea a Eli se hace más evidente, Oskar y Eli se vuelven más dependientes el uno del otro. Su vínculo se profundiza en una relación de amor y protección mutua que desafía las convenciones del género de vampiros.

La película culmina en un enfrentamiento aterrador en la piscina del complejo de apartamentos, donde los secretos de Eli se revelan de manera impactante y violenta. Oskar debe enfrentar la realidad de quién es Eli y qué significa amarla.

Conclusión

"Déjame Entrar" es una película que ha dejado una marca indeleble en el género de vampiros y en el cine en general. La dirección de Tomas Alfredson y las actuaciones de Kåre Hedebrant y Lina Leandersson como Oskar y Eli, respectivamente, son aspectos destacados de la película. La química entre los dos jóvenes actores y la profundidad de sus personajes contribuyen a la autenticidad y el poder de la historia.

La película se destaca por su enfoque único en el género de vampiros, alejándose de los estereotipos convencionales y explorando temas de soledad, amistad y amor en un contexto oscuro y sobrenatural. La mezcla de romance y horror crea una experiencia cinematográfica inusual y conmovedora.

"Déjame Entrar" también se distingue por su estilo visual y su capacidad para crear una atmósfera de oscuridad y melancolía. El frío paisaje sueco y la iluminación expresiva contribuyen a la sensación de aislamiento y alienación que permea la película.

En resumen, "Déjame Entrar" es una película que trasciende los límites del género de vampiros y se convierte en una obra maestra del cine de terror y romance. Su enfoque en los personajes, su atmósfera inquietante y su exploración de temas profundos la convierten en una película que sigue siendo apreciada y estudiada por los amantes del cine hasta el día de hoy.

35. POLTERGEIST (FENÓMENOS EXTRAÑOS)
(1982)

Introducción

"Poltergeist," dirigida por Tobe Hooper y producida por Steven Spielberg en 1982, es una película icónica que ha dejado una huella indeleble en el género del cine de terror. Con un enfoque en lo sobrenatural y el horror doméstico, la película se ha convertido en un clásico del género. A lo largo de esta sinopsis, exploraremos los elementos clave de esta película que sigue siendo una referencia en el mundo del cine de terror.

Sinopsis

La película se desarrolla en el tranquilo suburbio de Cuesta Verde, donde conocemos a la familia Freeling: Steven (interpretado por Craig T. Nelson), Diane (interpretada por JoBeth Williams) y sus tres hijos, Dana (interpretada por Dominique Dunne), Robbie (interpretado por Oliver Robins) y Carol Anne (interpretada por Heather O'Rourke). Los Freelings parecen llevar una vida idílica en su moderna casa, pero pronto se dan cuenta de que algo extraño y aterrador está ocurriendo en su hogar.

Los eventos paranormales comienzan de manera sutil, con objetos que se mueven por sí mismos y luces misteriosas que aparecen en la casa. Sin embargo, la situación se vuelve mucho más aterradora cuando Carol Anne, la hija menor, establece contacto con seres espirituales a través de la televisión estática. La famosa escena en la que Carol Anne pronuncia la frase "They're here" ("Están aquí") se ha convertido en un icono del cine de terror.

A medida que los fenómenos paranormales aumentan en intensidad, los Freelings buscan ayuda en el experto en lo paranormal, el Dr. Lesh (interpretado por Beatrice Straight), y un médium llamado Tangina (interpretado por Zelda Rubinstein). Tangina revela que la casa de los Freelings está construida sobre un antiguo cementerio indio, y que los espíritus de los muertos están enfurecidos y quieren atraer a Carol Anne al "otro lado."

La película presenta una serie de escenas memorables en las que lo sobrenatural se manifiesta de manera aterradora. Las fuerzas invisibles comienzan a tomar un interés particular en Carol Anne, y la secuestran en el mundo espectral que existe dentro del televisor. La familia se encuentra desesperada por recuperar a su hija y, con la ayuda de Tangina, emprenden una peligrosa misión para rescatarla del reino de los espíritus.

La película culmina en un enfrentamiento aterrador en el que la casa de los Freelings se convierte en un epicentro de actividad sobrenatural. El director Tobe Hooper y el productor Steven Spielberg combinan sus talentos para crear una secuencia final llena de efectos especiales impactantes y tensión extrema.

Conclusión

"Poltergeist" es una película que ha dejado una marca indeleble en el género del cine de terror. La dirección de Tobe Hooper y la producción de Steven Spielberg se complementan perfectamente para crear una experiencia cinematográfica única. La película es conocida por su capacidad para llevar el horror a lo cotidiano, convirtiendo la seguridad del hogar en una fuente de terror.

Las actuaciones del elenco, en particular la de JoBeth Williams como Diane Freeling y Heather O'Rourke como Carol Anne, contribuyen a la autenticidad emocional de la película. La lucha desesperada de una familia por proteger a su hija de las fuerzas sobrenaturales resuena con el público y añade una capa adicional de horror al relato.

"Poltergeist" también es notable por su capacidad para asustar al espectador sin recurrir a la violencia gráfica o a los sustos fáciles. La película se enfoca en la construcción de la tensión y la atmósfera, creando un sentido constante de inquietud y anticipación.

En resumen, "Poltergeist" es una película que ha resistido la prueba del tiempo debido a su capacidad para explorar lo sobrenatural en el contexto de la vida cotidiana. Su influencia en el cine de terror y su estatus como un clásico del género la convierten en una película que sigue siendo apreciada y estudiada por los amantes del cine hasta el día de hoy.

36. EL PROYECTO DE LA BRUJA DE BLAIR (1999)

Introducción

"El Proyecto de la Bruja de Blair" (título original: "The Blair Witch Project"), dirigida por Eduardo Sánchez y Daniel Myrick, es una película de terror revolucionaria que cambió para siempre la forma en que se hacen y se perciben las películas de terror. Lanzada en 1999, la película utiliza un enfoque de estilo documental y metraje encontrado para sumergir a los espectadores en una experiencia aterradora de lo desconocido. A lo largo de esta sinopsis, exploraremos los elementos clave de esta película que causó un gran impacto en la cultura cinematográfica.

Sinopsis

La película comienza con la declaración de que lo que estamos a punto de ver es el resultado de la edición del material encontrado en el bosque de Burkittsville, Maryland. Con esta introducción, los directores establecen de inmediato la premisa de que estamos viendo el metraje recopilado por tres jóvenes cineastas que desaparecieron en el bosque mientras filmaban un documental sobre la legendaria Bruja de Blair.

Los tres cineastas son Heather Donahue (interpretada por ella misma), Michael Williams (interpretado por él mismo) y Joshua Leonard (interpretado por él mismo). Heather es la directora del proyecto y la narradora principal de la película. La trama se desarrolla cuando los tres se adentran en el bosque de Burkittsville con cámaras y equipo de grabación para explorar la leyenda local de la Bruja de Blair.

Durante los primeros días en el bosque, los tres entrevistan a residentes locales y obtienen detalles sobre los supuestos eventos paranormales y asesinatos atribuidos a la bruja. A medida que avanzan, comienzan a experimentar una serie de eventos extraños y perturbadores. Sus brújulas dejan de funcionar, se sienten perdidos en el bosque a pesar de sus esfuerzos por mantener un rumbo constante y se escuchan sonidos inquietantes durante la noche.

La tensión aumenta a medida que el grupo se adentra más profundamente en el bosque y las circunstancias se vuelven más inquietantes. Las noches se llenan de ruidos misteriosos, y la comida y el agua escasean. La tensión entre los miembros del grupo se intensifica a medida que se culpan mutuamente por la situación cada vez más desesperada en la que se encuentran.

La película se enfoca en la deterioración de la psicología de los personajes a medida que enfrentan lo desconocido. La cámara se convierte en su única compañía y medio para registrar sus pensamientos y miedos. La directora Heather, en particular, experimenta una transformación emocional a medida que pasa de ser entusiasta y segura a estar consumida por el miedo y la paranoia.

A medida que la situación se vuelve cada vez más incontrolable y aterradora, el grupo encuentra extraños montones de piedras y ramas, figuras de palos y símbolos en los árboles, lo que aumenta su creencia de que están siendo acosados por una presencia sobrenatural. La película juega con la ambigüedad y la sugerencia, sin mostrar nunca directamente a la supuesta Bruja de Blair.

La película culmina en un enfrentamiento aterrador en una cabaña abandonada en medio del bosque. Joshua desaparece misteriosamente, y Heather y Michael se enfrentan a una serie de fenómenos paranormales inexplicables. La tensión alcanza su punto máximo en una escena final en la que Heather sostiene la cámara mientras grita aterrada, y luego la cámara se apaga bruscamente.

Conclusión

"El Proyecto de la Bruja de Blair" es una película que cambió para siempre la forma en que se hacen y se perciben las películas de terror. Su enfoque innovador de estilo documental y metraje encontrado sumerge a los espectadores en una experiencia auténtica y aterradora de lo desconocido. La película fue un fenómeno cultural y se convirtió en un ejemplo de cómo el suspense y la sugestión pueden ser más efectivos que los efectos especiales y la violencia gráfica.

Las actuaciones de los tres actores principales, que interpretaron versiones ficticias de sí mismos, contribuyeron a la autenticidad de la película. Heather Donahue en particular entregó una actuación impactante que transmitió la creciente desesperación y el miedo de su personaje.

"El Proyecto de la Bruja de Blair" se destacó por su capacidad para crear una sensación de inquietud constante y su capacidad para sumergir a los espectadores en la experiencia de los personajes. El uso de cámaras de mano y el estilo de metraje encontrado añadieron realismo y autenticidad a la historia.

En resumen, "El Proyecto de la Bruja de Blair" es una película que ha resistido la prueba del tiempo debido a su innovación en el género del cine de terror y su capacidad para crear una experiencia aterradora e inmersiva. Su influencia en el cine y su estatus como un clásico del género la convierten en una película que sigue siendo apreciada y estudiada por los amantes del cine hasta el día de hoy.

37. REC (2007)

Introducción

"REC," dirigida por Jaume Balagueró y Paco Plaza en 2007, es una película de terror española que se destacó por su innovador enfoque de metraje encontrado y su capacidad para generar tensión de manera implacable. La película es una experiencia claustrofóbica que sumerge a los espectadores en una situación aterradora en tiempo real. A lo largo de esta sinopsis, exploraremos los elementos clave de esta película que se convirtió en un referente del cine de terror contemporáneo.

Sinopsis

La película comienza con Ángela Vidal (interpretada por Manuela Velasco) y su camarógrafo, Pablo (interpretado por Pablo Rosso), preparándose para realizar un reportaje televisivo sobre la vida nocturna de Barcelona. Su destino para la noche es el edificio residencial "La Casa Maldita," un lugar conocido por su historia de actividad paranormal y eventos extraños.

Ángela y Pablo se encuentran en la estación de bomberos local, donde siguen a un equipo de bomberos mientras responden a una llamada de emergencia en el edificio. La situación parece ser una simple mujer mayor atrapada en su apartamento debido a gritos y ruidos extraños. Sin embargo, cuando llegan al edificio, la situación se convierte rápidamente en un misterio inquietante.

Los residentes del edificio están asustados y desorientados. La mujer mayor se encuentra en un estado de extrema agitación, y su comportamiento es cada vez más extraño. La situación se vuelve aún más aterradora cuando un perro ataca violentamente a uno de los bomberos, desencadenando el caos.

Ángela y Pablo, siguiendo su instinto periodístico, deciden quedarse en el edificio para documentar lo que está sucediendo. A medida que avanzan, descubren que el edificio está en cuarentena, y nadie puede entrar o salir. Están atrapados en un laberinto claustrofóbico junto con los residentes aterrorizados.

La película se desarrolla en tiempo real, y la cámara de Pablo captura cada momento mientras Ángela y él intentan descubrir la verdad detrás de la misteriosa enfermedad que está afectando a los residentes. Lo que comienza como un misterio médico se convierte en una pesadilla cuando los residentes infectados se vuelven violentos y comienzan a atacar a otros. Los sobrevivientes se ven obligados a barricarse en sus apartamentos mientras Ángela y Pablo intentan documentar los horrores que se desatan en el edificio.

A medida que la situación empeora, se vuelven evidentes los elementos sobrenaturales y la naturaleza incontrolable de la infección. Los residentes se convierten en criaturas aterradoras y sedientas de sangre, y el edificio se convierte en una trampa mortal. La tensión se intensifica a medida que el grupo lucha por encontrar una salida y descubrir cómo detener la propagación de la enfermedad.

La película presenta una serie de secuencias impactantes y escalofriantes mientras Ángela y Pablo enfrentan a las criaturas infectadas y luchan por su supervivencia. El sentido de desesperación y la claustrofobia son palpables a medida que los personajes se enfrentan a la realidad de que pueden no salir con vida.

"REC" culmina en un clímax aterrador mientras Ángela y Pablo llegan al ático del edificio y descubren la fuente de la infección. La película se cierra con una escena impactante y siniestra que deja a los espectadores con más preguntas que respuestas.

Conclusión

"REC" es una película que se destacó por su innovador enfoque de metraje encontrado y su habilidad para generar tensión implacable. La dirección de Jaume Balagueró y Paco Plaza crea una atmósfera claustrofóbica y aterradora que sumerge a los espectadores en la pesadilla junto con los personajes.

Las actuaciones, en particular la de Manuela Velasco como Ángela, añaden autenticidad y emoción a la película. Velasco logra transmitir el creciente terror y la desesperación de su personaje de manera efectiva, lo que conecta al público con la experiencia de los personajes.

"REC" es conocida por su capacidad para asustar al espectador sin recurrir a efectos especiales exagerados o violencia gráfica. La película juega con los miedos más básicos de la humanidad: la enfermedad, lo desconocido y la claustrofobia.

En resumen, "REC" es una película que ha dejado una marca indeleble en el género del cine de terror. Su estilo de metraje encontrado, su enfoque en tiempo real y su capacidad para crear una atmósfera de tensión implacable la convierten en una película que sigue siendo apreciada y estudiada por los amantes del cine de terror hasta el día de hoy.

38. POSESIÓN INFERNAL (1981)

Introducción

"Posesión Infernal" (también conocida como "The Evil Dead"), dirigida por Sam Raimi en 1981, es una película de culto que marcó un hito en el género de terror. Con un presupuesto limitado pero una creatividad desbordante, esta película se convirtió en un referente del cine de terror independiente y es conocida por su impacto en la cultura cinematográfica. A lo largo de esta sinopsis, exploraremos los elementos clave de esta película que dejó una huella duradera en el género del cine de terror.

Sinopsis

La película comienza cuando un grupo de cinco amigos, Ash (interpretado por Bruce Campbell), Scott (interpretado por Richard DeManincor), Cheryl (interpretada por Ellen Sandweiss), Linda (interpretada por Betsy Baker) y Shelly (interpretada por Theresa Tilly), se embarcan en un viaje a una cabaña aislada en el bosque de Tennessee. Su objetivo es pasar un tiempo de descanso y diversión, pero su destino los llevará a un lugar mucho más oscuro.

Al llegar a la cabaña, los amigos descubren una grabadora en el sótano que contiene la voz de un arqueólogo que ha descubierto el "Libro de los Muertos" (Necronomicón Ex-Mortis) y ha registrado los conjuros que contiene. Sin darse cuenta de los peligros que enfrentarán, los amigos escuchan la grabación y despiertan inadvertidamente fuerzas oscuras y sobrenaturales.

La cabaña se convierte en el escenario de eventos cada vez más aterradores. Cheryl, la hermana de Ash, es la primera en ser poseída por una entidad demoníaca después de ser arrastrada hacia el bosque por una fuerza invisible. A medida que la noche avanza, los amigos se ven enfrentados a una serie de posesiones demoníacas y horrores sobrenaturales.

La película se destaca por su estilo visual distintivo y su uso de efectos especiales prácticos innovadores, que incluyen maquillaje y técnicas de cámara creativas. Sam Raimi utiliza cámaras montadas en trineos y "el riel de la violencia" para lograr secuencias de movimiento suaves y rápidas, lo que añade un elemento de intensidad visual a la película.

Ash se convierte en el personaje principal, y Bruce Campbell ofrece una actuación icónica como el héroe atormentado que lucha por sobrevivir y salvar a sus amigos. Ash enfrenta horrores inimaginables, incluyendo la posesión de su novia Linda y la descomposición gradual de su propia mano derecha, que es infectada por la maldición.

La película es implacable en su representación de la violencia y el horror. Los amigos deben enfrentar todo tipo de pesadillas, desde cuerpos reanimados hasta posesiones demoníacas, y cada escena está cargada de tensión y violencia gráfica.

A medida que la noche avanza y los horrores aumentan, Ash se da cuenta de que la única forma de detener la maldición es destruir el "Libro de los Muertos." Comienza una batalla desesperada por su supervivencia mientras lucha contra las fuerzas demoníacas y enfrenta desafíos cada vez más aterradores.

La película culmina en un clímax aterrador mientras Ash lucha por su vida contra fuerzas sobrenaturales inimaginables y se embarca en un enfrentamiento final en el bosque contra una entidad demoníaca gigante.

Conclusión

"Posesión Infernal" es una película que marcó un hito en el género del cine de terror. Con su presupuesto limitado pero su creatividad desenfrenada, Sam Raimi creó una película que se ha convertido en un referente del cine de terror independiente y ha influido en generaciones de cineastas y amantes del género.

Bruce Campbell como Ash se ha convertido en un ícono del cine de terror, y su actuación en esta película estableció las bases para su personaje en las secuelas posteriores. La película también se destaca por su estilo visual distintivo y su uso innovador de efectos especiales prácticos.

"Posesión Infernal" es conocida por su violencia gráfica y su capacidad para sumergir a los espectadores en un viaje aterrador lleno de horrores sobrenaturales. La película mantiene una sensación constante de inquietud y tensión a lo largo de su narrativa.

En resumen, "Posesión Infernal" es una película que sigue siendo apreciada y estudiada por su impacto en el cine de terror. Su influencia en el género y su estatus como película de culto la convierten en una obra que ha dejado una huella indeleble en la cultura cinematográfica.

39. SUSPENSE (1961)

Introducción

"Suspense," dirigida por Jack Clayton en 1961, es una película británica que se destaca por su capacidad para crear una atmósfera inquietante en el contexto de la vida cotidiana. Basada en la novela homónima de Henry James, la película es un estudio de personajes y una exploración de lo desconocido y lo sobrenatural. A lo largo de esta sinopsis, exploraremos los elementos clave de esta película que se adentra en las profundidades del miedo y la ambigüedad.

Sinopsis

La historia sigue a Miss Giddens (interpretada por Deborah Kerr), una joven y ansiosa institutriz que es contratada para cuidar de dos huérfanos, Flora (interpretada por Pamela Franklin) y Miles (interpretado por Martin Stephens), en una mansión en el campo inglés. El tío de los niños, el tío (interpretado por Michael Redgrave), les ha confiado su cuidado después de la muerte de sus padres y prefiere no ser molestado por sus asuntos.

Desde el principio, Miss Giddens es recibida con amabilidad por Flora y Miles, quienes parecen ser niños dulces y educados. Sin embargo, pronto comienza a notar ciertos comportamientos extraños y perturbadores. Encuentra evidencia de que los niños pueden haber estado expuestos a experiencias inapropiadas antes de su llegada.

Además, siente una presencia inquietante en la casa que no puede explicar.

La película se enfoca en la creciente paranoia y obsesión de Miss Giddens con la idea de que la mansión está habitada por espíritus malignos que han poseído a los niños. Sus sospechas se centran en Peter Quint (interpretado por Peter Wyngarde), el antiguo criado de la casa, y Miss Jessel (interpretada por Clytie Jessop), la antigua institutriz, quienes murieron en circunstancias misteriosas.

La relación entre Miss Giddens y los niños se vuelve cada vez más tensa a medida que intenta protegerlos de lo que cree que son las influencias malignas de Quint y Jessel. Sus intentos de controlar la situación la llevan a adoptar medidas cada vez más drásticas y obsesivas, incluyendo la aplicación de una disciplina severa.

La película juega con la ambigüedad y la sugerencia, lo que deja a los espectadores cuestionando si los horrores que Miss Giddens percibe son reales o simplemente producto de su propia paranoia. La tensión se acumula a medida que la línea entre lo sobrenatural y lo psicológico se difumina.

A medida que la trama avanza, los eventos se vuelven más oscuros y aterradores. Miss Giddens llega a creer que los niños están poseídos por los espíritus de Quint y Jessel, y se enfrenta a una serie de encuentros aterradores con lo que ella percibe como los fantasmas de los criados fallecidos.

La película culmina en un enfrentamiento desgarrador en el que Miss Giddens intenta exorcizar a los espíritus de los niños. La ambigüedad persiste hasta el último momento, dejando a los espectadores con preguntas sobre la verdadera naturaleza de los eventos que han ocurrido.

Conclusión

"Suspense" es una película que se destaca por su capacidad para crear una atmósfera inquietante y jugar con la ambigüedad en la narrativa. La dirección de Jack Clayton y la actuación de Deborah Kerr como Miss Giddens añaden una capa de sofisticación y psicología al género del cine de terror.

La película se diferencia de muchas películas de terror al centrarse en la psicología de los personajes y la paranoia de la protagonista. La ambigüedad sobre la existencia real de los espíritus y la locura potencial de Miss Giddens deja a los espectadores con una sensación de inquietud duradera.

Deborah Kerr ofrece una actuación destacada como Miss Giddens, transmitiendo la vulnerabilidad y la obsesión de su personaje de manera convincente. La relación entre la institutriz y los niños es un tema central de la película, y el elenco infantil también ofrece actuaciones impresionantes.

En resumen, "Suspense" es una película que ha resistido la prueba del tiempo debido a su enfoque único en la psicología de los personajes y su capacidad para crear una atmósfera inquietante. Su influencia en el cine de terror y su estatus como una obra maestra del género la convierten en una película que sigue siendo apreciada y estudiada por los amantes del cine hasta el día de hoy.

40. LA MALDICIÓN (THE GRUDGE) (2002)

Introducción

"La Maldición" (en japonés, "Ju-on"), dirigida por Takashi Shimizu en 2002, es una película de terror japonesa que ha dejado una huella indeleble en el género. La película se destaca por su narración no lineal, su atmósfera asfixiante y su capacidad para crear un sentido persistente de inquietud. A lo largo de esta sinopsis, exploraremos los elementos clave de esta película que se ha convertido en un clásico del cine de terror japonés.

Sinopsis

La trama de "La Maldición" se desarrolla a través de una serie de viñetas no lineales, cada una de las cuales sigue a diferentes personajes que se ven afectados por una maldición malévola. La película comienza con la historia de Rika (interpretada por Megumi Okina), una trabajadora social que es enviada a una casa aparentemente normal para cuidar de una anciana que vive sola. Sin embargo, cuando llega a la casa, se encuentra con una escena de horror: la anciana está en estado catatónico y la casa está llena de objetos extraños y perturbadores.

Rika descubre un diario que revela la historia de la casa. Según el diario, una mujer llamada Kayako (interpretada por Takako Fuji) y su hijo, Toshio (interpretado por Yuya Ozeki), fueron asesinados en la casa en circunstancias misteriosas. La maldición que emana de sus almas atormentadas ha afectado a todos los que han entrado en contacto con la casa desde entonces.

La película se enfoca en la propagación de la maldición a medida que afecta a diferentes personajes, incluyendo a una pareja que se muda a la casa después de que Rika se va y a un profesor y sus alumnos que investigan el fenómeno paranormal. Cada vez que alguien entra en la casa o tiene algún contacto con los espíritus, se convierte en un objetivo de la maldición.

Uno de los aspectos más aterradores de la película es la aparición de Kayako, una figura espectral con largos cabellos negros que arrastra su cuerpo contorsionado y emite sonidos guturales. Toshio, el niño fantasma, también se manifiesta de manera inquietante, a menudo apareciendo en lugares inesperados.

La película utiliza una narración no lineal para crear una sensación de confusión y desorientación en el espectador, similar a la experiencia de los personajes atrapados en la maldición. A medida que se revelan más detalles sobre la historia de la casa y la maldición, la película se adentra en el horror psicológico y el sentido de impotencia.

El director Takashi Shimizu utiliza una atmósfera asfixiante y una cinematografía oscura y opresiva para crear un sentido persistente de inquietud. Las escenas se suceden de manera intercalada, lo que añade una sensación de confusión y desorden al relato, acentuando la sensación de que la maldición no sigue las reglas de la realidad.

A medida que la película avanza, los personajes se ven atrapados en un ciclo interminable de horror y violencia. La maldición parece imposible de detener, y cada intento de escapar solo lleva a más sufrimiento y muerte.

La película culmina en un clímax aterrador cuando Rika y otro personaje, el profesor, enfrentan a los espíritus vengativos en un intento desesperado por poner fin a la maldición. La violencia y el horror se intensifican en esta escena final, que ofrece respuestas parciales pero deja abiertas muchas preguntas.

Conclusión

"La Maldición" es una película que ha dejado una marca indeleble en el género del cine de terror japonés y en el cine de terror en general. Su narración no lineal, atmósfera asfixiante y la persistente sensación de inquietud que crea la han convertido en un clásico del género.

El director Takashi Shimizu logra sumergir a los espectadores en una pesadilla en la que los límites entre la realidad y lo sobrenatural se difuminan. Los espectros de Kayako y Toshio se han convertido en iconos del terror y han dejado una impresión duradera en la cultura popular.

"La Maldición" es conocida por su capacidad para mantener a los espectadores en vilo a lo largo de toda la película, sin dar respiro a la tensión. La narrativa fragmentada y las imágenes inquietantes contribuyen a la sensación de que el horror está en todas partes y que no hay escapatoria.

En resumen, "La Maldición" es una película que sigue siendo apreciada y estudiada por su influencia en el género del cine de terror. Su capacidad para crear una atmósfera de inquietud persistente y su narración no lineal la convierten en una obra maestra del cine de terror japonés que continúa aterrorizando a las audiencias hasta el día de hoy.

41. EL FANTASMA DE LA OPERA (1925)

Introducción

"El Fantasma de la Ópera," dirigida por Rupert Julian en 1925, es una película silente que adapta la famosa novela homónima de Gaston Leroux. Esta película es considerada un clásico del cine mudo y es conocida por su impactante interpretación de la historia gótica de amor y tragedia. A lo largo de esta sinopsis, exploraremos los elementos clave de esta película que ha dejado una huella duradera en la historia del cine.

Sinopsis

La película comienza en la ópera de París, un majestuoso teatro donde la música y la belleza se encuentran. Allí, la joven y talentosa Christine Daaé (interpretada por Mary Philbin) se convierte en la estrella emergente del escenario. Su voz angelical cautiva a todos los que la escuchan, incluyendo a su amigo de la infancia Raoul (interpretado por Norman Kerry), quien está secretamente enamorado de ella.

Sin embargo, detrás de los elegantes decorados y las melodías arrebatadoras, se esconde un secreto oscuro. La ópera está bajo la amenaza del "Fantasma de la Ópera" (interpretado por Lon Chaney), un hombre desfigurado y enigmático que se esconde en las catacumbas del teatro. El Fantasma es un genio de la música pero también un ser atormentado y vengativo que exige que Christine sea la estrella de la ópera.

La relación entre Christine y el Fantasma es compleja. Ella siente compasión por él y su música, pero también teme su control sobre ella y el peligro que representa. A lo largo de la película, el Fantasma la lleva a su reino subterráneo y secreto, donde se esconde detrás de una máscara blanca y desvela su pasión por la música y su obsesión por Christine.

La película utiliza una variedad de técnicas visuales impresionantes para representar el mundo subterráneo del Fantasma y su amor por Christine. El maquillaje de Lon Chaney, conocido como el "Hombre de las Mil Caras," es especialmente impactante. La desfiguración de su personaje y su habilidad para expresar emociones a través del maquillaje son legendarios en la historia del cine.

La tensión aumenta a medida que Raoul se da cuenta de la obsesión del Fantasma por Christine y su deseo de poseerla. Raoul y el Fantasma se convierten en rivales por el amor de Christine, y el conflicto entre los dos hombres culmina en un enfrentamiento aterrador en las catacumbas del teatro.

La película culmina en un clímax dramático en el que Christine es secuestrada por el Fantasma y llevada a una celda subterránea. Raoul la sigue valientemente para rescatarla, y se produce una lucha entre los dos hombres por el destino de Christine.

Conclusión

"El Fantasma de la Ópera" (1925) es una película que ha dejado una marca indeleble en la historia del cine. La dirección de Rupert Julian y la actuación memorable de Lon Chaney como el Fantasma han contribuido a su estatus como un clásico del cine mudo.

La película es conocida por su capacidad para crear una atmósfera gótica y romántica que se mantiene a lo largo de toda la narrativa. La ópera de París y las catacumbas subterráneas se convierten en escenarios icónicos que añaden profundidad y misterio a la historia.

La relación entre Christine, el Fantasma y Raoul es el corazón de la película. La lucha entre el amor y la obsesión, la belleza y la bestia, se desarrolla de manera conmovedora a medida que los personajes enfrentan sus deseos y temores.

"El Fantasma de la Ópera" también es recordada por su impactante maquillaje y caracterización de Lon Chaney como el Fantasma. Su habilidad para expresar emociones a través de la máscara y el maquillaje ha dejado una impresión duradera en la historia del cine.

En resumen, "El Fantasma de la Ópera" es una película que continúa siendo apreciada y estudiada por su influencia en el cine y su capacidad para evocar emociones y atmósferas poderosas. Su historia de amor, tragedia y obsesión ha perdurado a lo largo de las décadas y sigue siendo una obra maestra del cine mudo y del género gótico.

42. UN HOMBRE LOBO AMERICANO EN LONDRES (1981)

Introducción

"Un Hombre Lobo Americano en Londres," dirigida por John Landis en 1981, es una película de culto que combina el terror y la comedia de manera magistral. Esta película es conocida por su innovador uso de efectos especiales y su enfoque único en la transformación de un hombre en lobo, así como por su capacidad para equilibrar el horror y el humor. A lo largo de esta sinopsis, exploraremos los elementos clave de esta película que ha dejado una huella indeleble en el género del cine de terror.

Sinopsis

La película comienza con dos amigos estadounidenses, David Kessler (interpretado por David Naughton) y Jack Goodman (interpretado por Griffin Dunne), de viaje por el norte de Inglaterra. Su travesía los lleva a un pequeño pueblo en Yorkshire, donde son recibidos con desconfianza y superstición por los lugareños. Ignorando las advertencias, los dos amigos deciden aventurarse de noche en la lúgubre llanura cercana.

Mientras caminan por la oscura campiña, son atacados por una criatura monstruosa y salvaje. Jack es asesinado brutalmente, pero David sobrevive al ataque. La bestia es abatida por los aldeanos y muere, revelando que era un hombre. Este evento macabro desencadena la trama central de la película: la maldición de los licántropos.

David se recupera en un hospital de Londres y es visitado por el fantasma de su amigo Jack, quien revela que él y David fueron atacados por un hombre lobo. Jack está condenado a deambular como un espectro hasta que la línea de sangre del hombre lobo sea eliminada.

David es dado de alta y se traslada a un departamento en Londres, donde comienza a experimentar horribles pesadillas y visiones de Jack, quien, con cada aparición, se encuentra en un estado de descomposición cada vez mayor.

La película utiliza efectos especiales innovadores para representar las transformaciones de David en un hombre lobo. Estas secuencias se destacan por su realismo y horror, y fueron pioneras en la época. El proceso de cambio es mostrado de manera gráfica y dolorosa, lo que añade una dimensión aterradora a la historia.

Durante una de sus transformaciones, David se escapa y causa estragos en las calles de Londres, dejando un rastro de muerte y destrucción. La película juega con la ambigüedad al presentar a David como una víctima de su condición, al mismo tiempo que es una amenaza para los demás.

David busca refugio y apoyo en una enfermera llamada Alex Price (interpretada por Jenny Agutter), con quien establece una relación amorosa. Sin embargo, la lucha contra su maldición y el temor de lastimar a Alex lo consumen emocionalmente.

A medida que las visiones de Jack continúan y las transformaciones se vuelven más frecuentes, David busca respuestas en un psiquiatra, el Dr. J.S. Hirsch (interpretado por John Woodvine). El doctor es escéptico al principio, pero luego comienza a creer en la historia de David después de una serie de eventos sobrenaturales.

La película culmina en un clímax aterrador mientras David se transforma una vez más en un hombre lobo y aterroriza un cine en Londres. La secuencia final es un baño de sangre impactante que mezcla horror y comedia de manera magistral.

Conclusión

"Un Hombre Lobo Americano en Londres" es una película que ha dejado una marca indeleble en el género del cine de terror. La dirección de John Landis y los efectos especiales innovadores, en particular las secuencias de transformación, han influido en generaciones de cineastas y amantes del género.

La película es conocida por su equilibrio entre el horror y la comedia, lo que la hace única en su enfoque. Aunque hay momentos de terror genuino y violencia gráfica, también hay un toque de humor negro que alivia la tensión.

La actuación de David Naughton como David Kessler es destacada, especialmente en su representación de la angustia y el miedo que experimenta su personaje. La relación entre David y Jack, su amigo fallecido, añade profundidad emocional a la película.

"Un Hombre Lobo Americano en Londres" es apreciada por su capacidad para asustar y hacer reír a la vez. La película se mantiene como un clásico del cine de terror y ha envejecido bien debido a su enfoque innovador en la transformación del hombre en lobo y su mezcla de géneros.

En resumen, "Un Hombre Lobo Americano en Londres" es una película que sigue siendo adorada por su impacto en el género del cine de terror y su capacidad para ofrecer una experiencia única que mezcla el horror y la comedia de manera efectiva. Su legado perdura a través de los años como una película que ha dejado una huella duradera en la cultura cinematográfica.

43. LOS OJOS SIN ROSTRO (1960)

Introducción

"Los Ojos sin Rostro," dirigida por Georges Franju en 1960, es una película francesa que se ha convertido en una obra maestra del cine de terror y de la belleza perturbadora. La película es conocida por su atmósfera inquietante y su exploración de temas oscuros relacionados con la cirugía plástica y la obsesión por la belleza. A lo largo de esta sinopsis, exploraremos los elementos clave de esta película que ha dejado una marca indeleble en el género del cine de terror.

Sinopsis

La película comienza con una escena impactante en la que una joven mujer, Christiane Génessier (interpretada por Edith Scob), con el rostro cubierto por una máscara blanca, arroja un cadáver al río. La atmósfera es sombría y desconcertante desde el principio, y el espectador es introducido en un mundo de misterio y horror.

El Dr. Génessier (interpretado por Pierre Brasseur), un cirujano plástico eminente, es el padre de Christiane y el cerebro detrás de una serie de experimentos macabros. El rostro de Christiane ha quedado desfigurado en un accidente automovilístico por culpa de su padre, quien, en un intento desesperado por restaurar su belleza, ha realizado una serie de cirugías experimentales en su rostro. El resultado es una máscara de apariencia grotesca que Christiane debe llevar en todo momento.

El Dr. Génessier está obsesionado con restaurar la belleza de su hija a cualquier costo y está dispuesto a llegar a extremos inhumanos para lograrlo. Ha secuestrado a jóvenes mujeres con el propósito de extirpar sus rostros y utilizarlos para reconstruir el de su hija. La víctima más reciente es Edna Gruberg (interpretada por Juliette Mayniel), una joven que ha caído en manos del doctor y su asistente, Louise (interpretada por Alida Valli).

La película sigue una serie de experimentos quirúrgicos horripilantes mientras el Dr. Génessier y Louise intentan realizar un trasplante de rostro exitoso en Christiane. La atmósfera en la casa del doctor es asfixiante y opresiva, y la tensión aumenta a medida que los experimentos continúan.

A lo largo de la película, Christiane es un personaje enigmático y trágico. Su rostro cubierto por la máscara y su silencio constante crean una sensación de distancia con el espectador. A pesar de su participación en los horrores que suceden en la casa de su padre, Christiane también es una víctima de sus acciones y lucha por liberarse de su control.

El inspector Parot (interpretado por Claude Brasseur) comienza a investigar las desapariciones de las jóvenes mujeres, lo que pone en peligro los oscuros planes del Dr. Génessier. La película juega con la dualidad de los personajes: el inspector representa la búsqueda de justicia y la moralidad, mientras que el doctor y Louise encarnan la obsesión y la crueldad.

La película culmina en una secuencia final aterradora y emocional en la que Christiane, finalmente liberada de su máscara, confronta a su padre y su propia monstruosidad. La película ofrece una reflexión impactante sobre los costos humanos de la obsesión por la belleza y la búsqueda de la perfección.

Conclusión

"Los Ojos sin Rostro" es una película que ha dejado una profunda impresión en el género del cine de terror. La dirección de Georges Franju y la actuación de Edith Scob como Christiane son destacadas por su capacidad para crear una atmósfera inquietante y explorar temas oscuros relacionados con la cirugía plástica y la obsesión por la belleza.

La película es conocida por su estilo visual y su enfoque en la estética de lo macabro. La máscara blanca de Christiane se ha convertido en un ícono del cine de terror y representa la lucha de su personaje por la identidad y la humanidad.

"Los Ojos sin Rostro" es una película que invita a la reflexión sobre la belleza y la obsesión por la juventud eterna. La historia del Dr. Génessier y su hija es una metáfora impactante de los extremos a los que algunas personas están dispuestas a llegar en busca de la perfección física.

En resumen, "Los Ojos sin Rostro" es una película que continúa siendo apreciada y estudiada por su influencia en el género del cine de terror y su capacidad para explorar temas profundos y oscuros. Su atmósfera inquietante y su impactante representación de la belleza perturbadora la convierten en una obra maestra del género.

44. SCREAM. VIGILA QUIÉN LLAMA (1996)

Introducción

"Scream: Vigila Quién Llama," dirigida por Wes Craven en 1996, es una película de terror que revitalizó el género de las películas de terror slasher en la década de 1990. Esta película es conocida por su ingenio metaficcional y su habilidad para subvertir las convenciones del género mientras mantiene una narrativa intensamente aterradora. A lo largo de esta sinopsis, exploraremos los elementos clave de esta película que ha dejado una marca indeleble en la cultura del cine de terror.

Sinopsis

La película comienza con una escena aterradora en la que una joven llamada Casey Becker (interpretada por Drew Barrymore) recibe una serie de llamadas telefónicas aterradoras de un desconocido que finalmente la amenaza y la persigue. Casey es brutalmente asesinada por el misterioso acosador en los primeros minutos de la película, estableciendo un tono impactante y perturbador.

La trama se centra en Sydney Prescott (interpretada por Neve Campbell), una estudiante de preparatoria en la tranquila ciudad de Woodsboro. Sydney está lidiando con el aniversario del brutal asesinato de su madre un año atrás. A medida que la película avanza, Sydney se convierte en el principal objetivo del asesino, quien se hace llamar "Ghostface" debido a su distintiva máscara blanca y negra.

El asesino comienza a acechar a Sydney y a sus amigos, incluyendo a Tatum Riley (interpretada por Rose McGowan), su novio Billy Loomis (interpretado por Skeet Ulrich), su amigo Stu Macher (interpretado por Matthew Lillard), su amiga Tatum, y el perspicaz Randy Meeks (interpretado por Jamie Kennedy). A medida que los crímenes se acumulan y la tensión aumenta, Sydney se ve atrapada en un torbellino de miedo y sospecha.

La película juega con las convenciones del género de terror al hacer que los personajes sean conscientes de las reglas típicas de las películas de slasher. Randy, en particular, ofrece comentarios metaficcionales sobre cómo sobrevivir a un asesino en serie en una película de terror. Esto agrega un nivel de ingenio a la narrativa y permite a la película burlarse de sí misma mientras sigue siendo escalofriante.

El detective Dewey Riley (interpretado por David Arquette) y la periodista Gale Weathers (interpretada por Courteney Cox) llegan a Woodsboro para investigar los asesinatos. Gale es la autora de un libro sobre el asesinato de la madre de Sydney, y su presencia agrega otra capa de complejidad a la trama.

El misterio detrás de la identidad de Ghostface y sus motivaciones se convierte en el enigma central de la película. A medida que los personajes investigan y se enfrentan al asesino en una serie de encuentros escalofriantes, se revelan giros inesperados y secretos oscuros.

La película culmina en un clímax aterrador cuando se revela la verdadera identidad del asesino y sus motivaciones. La lucha final en la casa de Sydney es intensa y sangrienta, y la película ofrece respuestas a las preguntas planteadas a lo largo de la narrativa.

Conclusión

"Scream: Vigila Quién Llama" es una película que revitalizó el género de terror en la década de 1990. La dirección de Wes Craven, junto con un guion ingenioso de Kevin Williamson, dio como resultado una película que subvirtió las convenciones del género mientras mantenía una narrativa intensamente aterradora.

La película es conocida por su inteligente y metaficcional enfoque, en el que los personajes son conscientes de las reglas típicas de las películas de terror y las comentan de manera humorística. Esto añade un nivel de diversión y autoconciencia a la película sin sacrificar la tensión y el horror.

Neve Campbell brinda una actuación sólida como Sydney, una protagonista que lucha valientemente contra su acosador mientras lidia con su propio trauma personal. El elenco de apoyo, que incluye a Courteney Cox, David Arquette, y otros, aporta una riqueza de personalidades que agregan profundidad a la trama.

"Scream: Vigila Quién Llama" es apreciada por su capacidad para mantener a la audiencia en vilo y sorprenderla con giros inesperados. La película es una montaña rusa de emociones, que oscila entre momentos de humor y momentos de terror visceral.

En resumen, "Scream: Vigila Quién Llama" es una película que sigue siendo querida y estudiada por su influencia en el género del cine de terror y su capacidad para reinventar las convenciones del slasher. Su inteligente enfoque metaficcional y su narrativa escalofriante la convierten en una obra maestra del género que ha dejado una marca duradera en la cultura cinematográfica.

45. EL SEXTO SENTIDO (1999)

Introducción

"El Sexto Sentido," dirigida por M. Night Shyamalan en 1999, es una película de suspense y misterio que ha dejado una marca indeleble en la historia del cine. Esta película es conocida por su narrativa ingeniosa y su giro inesperado, que la convirtió en un fenómeno de taquilla y la consagró como un clásico moderno del género de suspense. A lo largo de esta sinopsis, exploraremos los elementos clave de esta película que ha dejado una huella duradera en la cultura cinematográfica.

Sinopsis

La película comienza con la presentación del Dr. Malcolm Crowe (interpretado por Bruce Willis), un psicólogo infantil exitoso que recibe una visita inesperada de uno de sus pacientes anteriores, Vincent Gray (interpretado por Donnie Wahlberg). Vincent es un joven angustiado que, en un giro impactante, revela que Malcolm fue el último intento de ayuda antes de que Vincent se sumiera en la violencia y el suicidio. Vincent dispara a Malcolm antes de quitarse la vida.

La narrativa avanza varios meses después del incidente, cuando Malcolm comienza a trabajar con un nuevo paciente, Cole Sear (interpretado por Haley Joel Osment), un niño de nueve años que muestra comportamientos inusuales y un miedo constante. Cole confía a Malcolm su secreto más oscuro: ve gente muerta, personas que no saben que están muertas y que están atrapadas entre dos mundos, el de los vivos y el de los muertos.

Malcolm, inicialmente escéptico pero determinado a ayudar a Cole, comienza a trabajar con él para entender y superar sus miedos. Cole le cuenta historias espeluznantes sobre los espíritus que ve, que a menudo están llenos de angustia y tristeza. Estos encuentros paranormales están llevando a Cole al borde de la desesperación.

A medida que Malcolm profundiza en la vida de Cole y sus experiencias sobrenaturales, también se enfrenta a su propio tormento interno. Se siente culpable por no haber podido ayudar a Vincent y su muerte. La relación entre Malcolm y Cole se convierte en el núcleo emocional de la película, ya que ambos luchan por encontrar respuestas y consuelo en medio del misterio y la tragedia.

La película utiliza una mezcla magistral de suspense y terror psicológico mientras Malcolm y Cole intentan comprender la verdad detrás de los espíritus que acosan al niño. Shyamalan crea una atmósfera inquietante que se intensifica a medida que los secretos de los personajes se desvelan gradualmente.

Uno de los momentos más icónicos de la película es cuando Cole comparte su secreto con su madre, Lynn (interpretada por Toni Collette). La reacción de Lynn es una combinación de incredulidad, miedo y finalmente aceptación de la verdad que ha estado frente a ella todo el tiempo. Esta escena es un ejemplo de la emoción cruda y realista que impulsa la película.

La relación entre Malcolm y su esposa, Anna (interpretada por Olivia Williams), también es una parte importante de la trama. La distancia emocional entre ellos es palpable, y Malcolm lucha por encontrar la redención a través de su trabajo con Cole.

La película culmina en un clímax emocionalmente poderoso en el que Malcolm finalmente comprende la verdad sobre su propia existencia y su conexión con Cole. El giro final de la película es impactante: Malcolm se da cuenta de que él mismo está muerto y que ha estado ayudando a Cole desde el más allá.

Conclusión

"El Sexto Sentido" es una película que ha dejado una profunda impresión en la historia del cine. La dirección de M. Night Shyamalan, junto con las actuaciones notables de Bruce Willis y Haley Joel Osment, crean una narrativa inolvidable llena de suspense y emoción.

La película es conocida por su narrativa ingeniosa y su giro inesperado, que dejó a la audiencia atónita en su estreno. El enfoque en la comunicación entre los vivos y los muertos añade una capa de misterio y profundidad a la historia.

"El Sexto Sentido" también es una exploración conmovedora de temas como la redención, la pérdida y la aceptación de la muerte. Malcolm Crowe lucha por encontrar la paz y la redención a través de su trabajo con Cole y, finalmente, a través del entendimiento de su propia existencia.

En resumen, "El Sexto Sentido" es una película que continúa siendo apreciada y estudiada por su influencia en el género del suspense y su capacidad para sorprender a la audiencia con un giro inolvidable. Su exploración de la vida, la muerte y la conexión emocional entre los personajes la convierten en una obra maestra del cine que ha dejado una marca duradera en la cultura cinematográfica.

46. EL MÁS ALLÁ (1981)

Introducción

"El Más Allá" (también conocida como "L'aldilà" en italiano), dirigida por Lucio Fulci en 1981, es una película de horror italiana que ha adquirido estatus de culto en el género del cine de terror. Esta película es conocida por su estilo visual y atmosférico inconfundible, así como por su inclinación hacia lo grotesco y lo perturbador. A lo largo de esta sinopsis, exploraremos los elementos clave de esta película que ha dejado una huella duradera en el género del cine de terror.

Sinopsis

La película comienza con una escena perturbadora en la que un hombre llamado Schweick (interpretado por Antoine Saint-John) es brutalmente asesinado en un sótano. Su muerte está relacionada con una maldición ancestral que se cierne sobre el hotel Seven Doors, un lugar maldito que será el epicentro del horror sobrenatural que se desarrollará a lo largo de la película.

La trama se centra en Liza Merrill (interpretada por Catriona MacColl), una mujer que ha heredado el hotel Seven Doors en la ciudad de Dunwich, Nueva Inglaterra. Liza llega a la ciudad con la intención de restaurar y reabrir el hotel, pero se encuentra con una serie de obstáculos inquietantes desde el principio.

El hotel está lleno de secretos oscuros y misterios inexplicables. Pronto, Liza comienza a experimentar eventos paranormales aterradores, incluyendo visiones de un libro negro maldito y la apertura de un portal al más allá. A medida que la tensión aumenta, Liza recurre al Dr. John McCabe (interpretado por David Warbeck), un médico local que se convierte en su aliado en la lucha contra las fuerzas sobrenaturales que acechan el hotel.

La película se caracteriza por su estilo visual único, con escenas de violencia extrema y efectos especiales de maquillaje impactantes que han dejado una fuerte impresión en la historia del cine de terror. Fulci utiliza imágenes impactantes y grotescas para crear un ambiente de pesadilla a lo largo de la película.

Una de las secuencias más memorables de la película es la escena en la que un hombre es atacado por tarántulas en su tumba. Fulci aprovecha al máximo el elemento repulsivo de la escena y crea una atmósfera de horror visceral.

A medida que la trama avanza, Liza y el Dr. McCabe descubren que el hotel Seven Doors se encuentra en una encrucijada entre el mundo de los vivos y el mundo de los muertos. La maldición que acecha el lugar está vinculada a un pintor llamado Schweick, cuyas pinturas contienen pistas sobre cómo detener la maldición.

La película culmina en un clímax aterrador cuando Liza y el Dr. McCabe se aventuran en el inframundo a través de un portal que los lleva al más allá. La representación visual del más allá es grotesca y surrealista, con imágenes impactantes de muerte y condenación.

Conclusión

"El Más Allá" es una película que ha dejado una profunda impresión en el género del cine de terror. La dirección de Lucio Fulci, con su estilo visual distintivo y su inclinación hacia lo grotesco, ha establecido la película como un clásico del terror italiano.

La película es conocida por su atmósfera inquietante y su uso efectivo de la violencia gráfica y los efectos especiales impactantes. Fulci no escatima en mostrar la brutalidad y la repulsión en la pantalla, lo que añade un nivel de horror visceral a la película.

La trama, aunque a menudo se considera confusa, agrega una dimensión de misterio y sobrenaturalidad que mantiene a la audiencia en vilo. La exploración del más allá y la lucha contra las fuerzas sobrenaturales dan como resultado un clímax aterrador y surrealista.

"El Más Allá" es apreciada por su capacidad para impactar a la audiencia y su estatus como una película de culto en el género del cine de terror. Aunque no es para todos debido a su violencia gráfica y su estilo visual único, sigue siendo una película que se estudia y se celebra en la comunidad del cine de terror.

En resumen, "El Más Allá" es una película que continúa siendo apreciada por su estilo visual distintivo y su capacidad para crear un ambiente de pesadilla. Su enfoque en lo grotesco y lo perturbador la convierte en una obra maestra del cine de terror italiano que ha dejado una marca indeleble en la cultura cinematográfica.

47. POSSESSION (1981)

Introducción

"Possession," dirigida por Andrzej Zulawski en 1981, es una película polaco-francesa que desafía las convenciones del cine de terror y el género de suspense. Esta película es conocida por su estilo visual audaz y su narrativa altamente inquietante y perturbadora. A lo largo de esta sinopsis, exploraremos los elementos clave de esta película que ha dejado una huella indeleble en la historia del cine.

Sinopsis

La película comienza con Anna (interpretada por Isabelle Adjani) pidiendo el divorcio a su esposo, Mark (interpretado por Sam Neill). La relación entre ellos parece estar desmoronándose, y Anna está decidida a poner fin a su matrimonio. Mark, desconsolado y desconcertado, comienza a investigar las razones detrás de la decisión de Anna.

Pronto, Mark descubre que Anna está teniendo una relación apasionada y clandestina con un hombre misterioso, Heinrich (interpretado por Heinz Bennent). Esto profundiza la crisis en su matrimonio y lleva a Mark a una espiral de obsesión y celos.

La película se desarrolla en un Berlín dividido por el Muro, que sirve como telón de fondo para la creciente tensión emocional entre los personajes. A medida que Mark investiga más a fondo, descubre una serie de eventos y comportamientos inexplicables por parte de Anna. Su obsesión por ella lo lleva a enfrentarse a situaciones cada vez más perturbadoras.

Una de las secuencias más impactantes de la película es cuando Anna sufre un episodio extremadamente violento y autodestructivo en un pasillo subterráneo. Su comportamiento se vuelve cada vez más errático y aterrador, y su relación con Heinrich se convierte en una espiral descendente hacia la locura.

La película presenta una atmósfera inquietante y claustrofóbica que se intensifica a medida que Mark y Anna se sumergen más profundamente en su propia psicosis. Las actuaciones de Isabelle Adjani y Sam Neill son excepcionales, ya que expresan la angustia y la obsesión de sus personajes de manera visceral.

A medida que la trama avanza, se revela que Anna está involucrada en algo mucho más oscuro y sobrenatural de lo que Mark jamás podría haber imaginado. La película explora temas de posesión, obsesión y el lado más oscuro de la psicología humana.

La última parte de la película es un torbellino de horror surrealista que desafía la lógica y la realidad. La casa donde Mark y Anna viven se convierte en un escenario de pesadilla, y los eventos se vuelven cada vez más grotescos y perturbadores. La película culmina en una secuencia final que es a la vez aterradora y emotiva, donde Mark se enfrenta a una verdad devastadora sobre la naturaleza de Anna y su propio destino.

Conclusión

"Possession" es una película que ha dejado una profunda impresión en el mundo del cine. La dirección de Andrzej Zulawski, junto con las actuaciones impactantes de Isabelle Adjani y Sam Neill, crean una experiencia cinematográfica intensa y perturbadora.

La película es conocida por su estilo visual audaz y su capacidad para desconcertar y perturbar al espectador. Zulawski utiliza una combinación de imágenes surrealistas y escenas de violencia extrema para crear una atmósfera inquietante y claustrofóbica.

"Possession" es una película que desafía las convenciones del cine de terror y el suspense, explorando temas oscuros y perturbadores relacionados con la obsesión y la psicosis. La película se desarrolla en un Berlín dividido por el Muro, que refleja la división y la alienación de los personajes.

La película culmina en una secuencia final que es a la vez impactante y emotiva, ofreciendo una reflexión inquietante sobre la naturaleza de la obsesión y la pérdida de la cordura.

En resumen, "Possession" es una película que continúa siendo apreciada y estudiada por su capacidad para perturbar y desafiar al espectador. Su estilo visual audaz y su narrativa inquietante la convierten en una obra maestra del cine de terror que ha dejado una marca indeleble en la cultura cinematográfica.

48. EL HOMBRE INVISIBLE (1933)

Introducción

"El Hombre Invisible," dirigida por James Whale en 1933, es una película de ciencia ficción y terror que se basa en la novela homónima de H.G. Wells. Esta película es conocida por su innovador uso de efectos especiales para representar la invisibilidad y su narrativa que explora las consecuencias de la ambición científica descontrolada. A lo largo de esta sinopsis, exploraremos los elementos clave de esta película que ha dejado una huella duradera en la historia del cine de ciencia ficción y terror.

Sinopsis

La película comienza cuando el científico brillante, el Dr. Jack Griffin (interpretado por Claude Rains), llega a la posada Lion's Head Arms en el tranquilo pueblo de Iping, Inglaterra. Griffin es un hombre misterioso que lleva consigo un extraño vendaje y gafas de sol. A pesar de su comportamiento extraño, el dueño de la posada, el Sr. Hall (interpretado por Forrester Harvey), le alquila una habitación.

A medida que pasa el tiempo, los residentes de la posada comienzan a sospechar que algo no está bien con el Dr. Griffin. Su comportamiento se vuelve cada vez más errático y paranoico. Pronto, Griffin revela su secreto al Sr. Hall: ha descubierto una fórmula química que lo ha vuelto invisible. Sin embargo, no ha encontrado una manera de revertir el proceso, lo que lo ha sumido en la desesperación y la locura.

Griffin se niega a revelar su fórmula al Sr. Hall y comienza a causar estragos en el pueblo, aprovechando su invisibilidad para jugarle bromas pesadas a los residentes. La tensión en la posada aumenta a medida que Griffin se vuelve cada vez más peligroso.

El hermano de Griffin, el Dr. Kemp (interpretado por William Harrigan), llega al pueblo después de recibir una carta preocupante de su hermano. Griffin revela su presencia y su condición invisible a Kemp y le confía su plan: usar su invisibilidad para gobernar el mundo. Griffin se convierte en un villano obsesionado con el poder, decidido a utilizar su descubrimiento científico para lograr el dominio total.

El Dr. Kemp se da cuenta de que Griffin representa una amenaza para la humanidad y se une a las autoridades locales para detenerlo. Juntos, planean atrapar al hombre invisible y desvelar su identidad ante el mundo.

La película se desarrolla en una atmósfera de creciente tensión y paranoia. La invisibilidad de Griffin lo convierte en un enemigo invisible y aterrador que es casi imposible de atrapar. Whale utiliza una serie de innovadores efectos especiales para representar la invisibilidad de Griffin, lo que en 1933 fue un logro técnico impresionante.

La persecución de Griffin y su enfrentamiento final con las autoridades locales son momentos de gran intensidad en la película. El uso de efectos de sonido y música agrega un elemento de suspense a estas escenas, creando una experiencia cinematográfica memorable.

La película culmina en un emocionante clímax cuando Griffin es herido de gravedad y su cuerpo comienza a volverse visible nuevamente. Finalmente, se revela completamente ante la audiencia en un momento conmovedor.

Conclusión

"El Hombre Invisible" es una película que ha dejado una profunda impresión en la historia del cine de ciencia ficción y terror. La dirección de James Whale, junto con las actuaciones notables de Claude Rains y el uso innovador de efectos especiales, crean una película que ha resistido la prueba del tiempo.

La película es conocida por su exploración de la ambición científica descontrolada y las consecuencias de la invisibilidad. Griffin, el protagonista, representa la idea de que el conocimiento sin control puede llevar a la destrucción y la locura.

La película también es apreciada por su atmósfera de suspense y su capacidad para mantener a la audiencia en vilo mientras se desarrolla la persecución de Griffin. Los efectos especiales de la época, que representaban la invisibilidad, fueron un logro técnico impresionante y han influido en muchas películas posteriores.

En resumen, "El Hombre Invisible" es una película que continúa siendo apreciada por su importancia en la historia del cine de ciencia ficción y su capacidad para explorar temas profundos a través de una narrativa emocionante. Su uso innovador de efectos especiales y su representación de la ambición científica la convierten en una obra maestra del género que ha dejado una marca duradera en la cultura cinematográfica.

49. ZOMBIES PARTY (2006)

Introducción

"Zombies Party," dirigida por Edgar Wright en 2004, es una película británica que combina elementos de comedia y terror zombi. Esta película es conocida por su estilo de comedia irreverente, su ingenio y su amor por el género de los zombis. A lo largo de esta sinopsis, exploraremos los elementos clave de esta película que la convirtieron en una obra de culto y una joya dentro del cine de zombis.

Sinopsis

La película sigue la vida de Shaun (interpretado por Simon Pegg), un hombre británico de clase trabajadora que lleva una existencia rutinaria y monótona. Trabaja en una tienda de electrónica y pasa gran parte de su tiempo en el pub local, el Winchester, junto a su amigo Ed (interpretado por Nick Frost), un hombre holgazán y aficionado a los videojuegos. Shaun ha dejado de prestar atención a su relación con su novia Liz (interpretada por Kate Ashfield), y ella lo ve como un hombre sin ambición.

La vida de Shaun da un giro inesperado cuando un apocalipsis zombi comienza a desencadenarse en Londres. La ciudad se llena de muertos vivientes hambrientos de carne y Shaun, inicialmente inconsciente de la situación, se embarca en una misión para rescatar a su madre y su madrastra, quienes están atrapadas en su casa.

La película utiliza la comedia de manera brillante al mostrar cómo Shaun y Ed tratan de lidiar con la invasión zombi. En lugar de un enfoque tradicional de supervivencia, Shaun y Ed optan por refugiarse en su pub favorito, el Winchester. La elección de refugiarse en un pub es un reflejo humorístico de la cultura británica y su obsesión por los bares.

El grupo de sobrevivientes en el Winchester incluye a Shaun, Liz, Ed y otros personajes coloridos, como el exnovio de Liz, David (interpretado por Dylan Moran), y la madre de Shaun y su madrastra, Barbara (interpretada por Penelope Wilton). La película se desarrolla en medio de situaciones cómicas y absurdas mientras el grupo intenta mantener a raya a los zombis y sobrevivir en el Winchester.

A medida que la película avanza, Shaun comienza a tomar más responsabilidad y se da cuenta de que debe convertirse en líder para proteger a sus seres queridos y a sí mismo. Esto lleva a un desarrollo de personaje en el que Shaun pasa de ser un hombre apático a un héroe improbable.

La película también juega con los tropos del género zombi de manera ingeniosa y paródica. Desde peleas con discos de vinilo hasta secuencias de combate con palas de jardín, "Zombies Party" encuentra formas creativas de hacer frente a la amenaza zombi mientras se burla de las convenciones del género.

El clímax de la película se lleva a cabo en el Winchester, donde Shaun, Liz, Ed y el resto del grupo enfrentan una horda de zombis. Esta secuencia es un equilibrio magistral entre la comedia y la acción, con momentos emotivos y decisiones valientes.

Conclusión

"Zombies Party" es una película que ha dejado una profunda impresión en el género de zombis y la comedia británica. La dirección de Edgar Wright, junto con las actuaciones carismáticas de Simon Pegg y Nick Frost, crea una narrativa cómica y emocionante que ha ganado un lugar especial en el corazón de los aficionados al cine.

La película es apreciada por su capacidad para combinar elementos de comedia con el género zombi de una manera única. Aporta una perspectiva británica a la clásica trama de supervivencia en un apocalipsis zombi y se burla de las convenciones del género mientras las abraza.

"Zombies Party" también es una película que celebra la amistad y el crecimiento personal. Shaun pasa de ser un hombre apático a un líder valiente, y su viaje personal es uno de los aspectos más conmovedores de la película.

En resumen, "Zombies Party" es una película que continúa siendo apreciada por su ingenio, su humor y su capacidad para mezclar géneros de manera efectiva. Ha dejado una marca indeleble en la cultura cinematográfica como una obra de culto que sigue siendo divertida y entretenida en cada revisión.

50. THE ROCKY HORROR PICTURE SHOW (1975)

Introducción

"The Rocky Horror Picture Show," dirigida por Jim Sharman en 1975, es una película musical que ha alcanzado un estatus icónico en la cultura pop. Con su mezcla de comedia, horror, ciencia ficción y música, esta película ha logrado una base de seguidores leales y ha sido proyectada en cines de medianoche en todo el mundo. A lo largo de esta sinopsis, exploraremos los elementos clave de esta película que la han convertido en un fenómeno de la cultura pop.

Sinopsis

La historia comienza cuando una joven pareja, Brad Majors (interpretado por Barry Bostwick) y Janet Weiss (interpretada por Susan Sarandon), se ven atrapados en una tormenta mientras conducen hacia la casa de un amigo. Buscan refugio en una mansión aparentemente abandonada.

Dentro de la mansión, los dos se encuentran con un grupo excéntrico de personajes, incluido el anfitrión de la casa, el Dr. Frank-N-Furter (interpretado por Tim Curry), un científico transgénero y extraterrestre. Frank-N-Furter está ocupado realizando experimentos inusuales y es el epicentro de una serie de eventos extraños y extravagantes.

La película toma un giro inesperado cuando Frank-N-Furter revela su última creación, un hombre musculoso llamado Rocky Horror (interpretado por Peter Hinwood). Rocky es el resultado de un experimento destinado a crear al hombre perfecto y es una figura central en la trama.

A medida que la historia avanza, se desarrollan relaciones y desencadenan situaciones cómicas y sexualmente cargadas. Janet y Brad son sometidos a una serie de pruebas y tentaciones, y se ven arrastrados al estilo de vida hedonista de Frank-N-Furter y su séquito de criados y sirvientes peculiares.

Uno de los aspectos más notorios de "The Rocky Horror Picture Show" es su sentido del espectáculo y su estilo visual extravagante. La película está llena de números musicales coloridos y provocativos, incluido el icónico "Time Warp," que se ha convertido en un himno de la película. La combinación de música pegajosa y coreografía atrevida contribuye a la energía y el atractivo de la película.

El carisma de Tim Curry como Frank-N-Furter es uno de los aspectos más destacados de la película. Su actuación carismática y desinhibida ha hecho que el personaje sea legendario y ha ayudado a consolidar la película como una obra de culto.

La película también aborda temas de sexualidad y género de manera abierta y desafiante. La exploración de la identidad sexual y la expresión de género son temas centrales en la película y contribuyen a su sensación de transgresión y subversión.

A medida que la película se acerca a su clímax, se revelan secretos sobre los verdaderos orígenes de Frank-N-Furter y su misión extraterrestre. La película culmina en un enfrentamiento explosivo y una revelación final que sacude a los personajes y redefine sus destinos.

Conclusión

"The Rocky Horror Picture Show" es una película que ha dejado una profunda huella en la cultura pop. La dirección de Jim Sharman, junto con las actuaciones memorables y la música pegajosa, crean una experiencia cinematográfica única y extravagante.

La película es apreciada por su capacidad para combinar géneros y temas de una manera que desafía las convenciones y cuestiona las normas sociales. Aborda la sexualidad y la identidad de género de manera abierta y transgresora, lo que la convierte en una película adelantada a su tiempo.

El sentido del espectáculo y la exuberancia de la película han llevado a que se convierta en una experiencia de culto en proyecciones nocturnas en todo el mundo. Los fanáticos se visten como los personajes y participan activamente en las proyecciones, haciendo de cada visualización de la película una experiencia interactiva.

En resumen, "The Rocky Horror Picture Show" es una película que continúa siendo celebrada y amada por su irreverencia, su estilo visual extravagante y su música pegajosa. Ha dejado una marca indeleble en la cultura pop y se ha convertido en un fenómeno cultural que sigue siendo un placer culposo para muchas generaciones de fanáticos.

51. PLANET TERROR (2007)

Introducción

"Planet Terror," dirigida por Robert Rodriguez en 2007, es una película que forma parte del dúo de películas titulado "Grindhouse," junto con "Death Proof" de Quentin Tarantino. "Planet Terror" es un homenaje a las películas de género de serie B, caracterizadas por su acción intensa, violencia exagerada y tramas descabelladas. A lo largo de esta sinopsis, exploraremos los elementos clave de esta película que la han convertido en un tributo al cine de explotación y un viaje desenfrenado al terror y la ciencia ficción.

Sinopsis

La película se desarrolla en una pequeña ciudad de Texas, donde algo extraño y aterrador está ocurriendo. Un gas tóxico se ha liberado en el aire, convirtiendo a los residentes en monstruos mutantes sedientos de sangre. La película comienza con una serie de escenas en las que se presenta a los personajes principales y se establece un tono de acción y horror inminente.

Cherry Darling (interpretada por Rose McGowan) es una go-go dancer que sueña con dejar atrás su vida en el escenario y encontrar un trabajo más significativo. Wray (interpretado por Freddy Rodríguez) es un misterioso hombre con un oscuro pasado que regresa a la ciudad en busca de Cherry. Juntos, se ven atrapados en medio del caos cuando los mutantes comienzan a atacar.

Uno de los aspectos más notables de "Planet Terror" es su estilo visual y su uso de efectos especiales exagerados. La película presenta una serie de secuencias de acción sangrientas y excesivas que son un homenaje a las películas de género de serie B. Los personajes luchan contra los mutantes usando armas improvisadas, como una ametralladora unida al muñón de Cherry después de un desafortunado accidente. Los efectos visuales y la violencia exagerada agregan un elemento de diversión y locura a la película.

A medida que la historia avanza, se revela que el gas tóxico y los mutantes están relacionados con un siniestro experimento científico dirigido por el Dr. William Block (interpretado por Josh Brolin) y su esposa Dakota (interpretada por Marley Shelton). Este experimento ha salido terriblemente mal y amenaza con convertirse en una epidemia global de proporciones catastróficas.

El elenco de personajes secundarios incluye a El Wray (interpretado por Michael Biehn), el hermano de Wray; J.T. (interpretado por Jeff Fahey), un restaurador de autos con una predilección por las armas; y Cherry's Babysitter (interpretada por Fergie), una stripper que lucha contra los mutantes junto a los demás.

La película también incluye momentos cómicos y referencias a películas de serie B antiguas, que agregan un toque de humor negro al horror y la acción. Estos momentos incluyen diálogos ingeniosos y situaciones absurdas que se burlan de las convenciones del género.

El clímax de la película se lleva a cabo en un hospital abandonado donde los personajes luchan contra hordas de mutantes mientras intentan evitar que la infección se propague. La película culmina en una serie de enfrentamientos explosivos y secuencias de acción de alto octanaje que mantienen la adrenalina en niveles máximos.

Conclusión

"Planet Terror" es una película que rinde homenaje al cine de explotación y a las películas de género de serie B. La dirección de Robert Rodriguez, junto con las actuaciones entusiastas del elenco y los efectos especiales exagerados, crea una experiencia cinematográfica que es emocionante y entretenida.

La película es apreciada por su estilo visual único y su capacidad para capturar la estética de las películas de serie B de la década de 1970.

Los efectos especiales, la violencia exagerada y las secuencias de acción intensas son un tributo al espíritu del cine de explotación.

"Planet Terror" también juega con las convenciones del género y agrega un toque de humor negro a la narrativa. Los personajes cómicos y las situaciones absurdas contribuyen a la sensación de diversión y locura de la película.

En resumen, "Planet Terror" es una película que ofrece una dosis de acción, terror y comedia en una mezcla desenfrenada. Ha dejado su marca como una película de culto dentro del género de terror y ciencia ficción, y continúa siendo apreciada por su estilo visual y su homenaje al cine de serie B.

52. PARANORMAL ACTIVITY (2007)

Introducción

"Paranormal Activity," dirigida por Oren Peli en 2007, es una película de terror que revolucionó el género al adoptar el formato de metraje encontrado o "found footage." Esta película, con un presupuesto limitado, se convirtió en un fenómeno de taquilla y generó numerosas secuelas. A lo largo de esta sinopsis, exploraremos los elementos clave de esta película que la han convertido en una de las películas de terror más influyentes de la década.

Sinopsis

La historia de "Paranormal Activity" gira en torno a Katie Featherston (interpretada por ella misma) y Micah Sloat (interpretado por él mismo), una joven pareja que se muda a una casa en San Diego. Pronto, comienzan a experimentar fenómenos paranormales inexplicables en su hogar.

La película se presenta como un documental de estilo casero, ya que Micah, un operador de cámara aficionado, decide registrar los eventos extraños que están ocurriendo en su casa. Este enfoque de metraje encontrado contribuye a la sensación de realismo y proximidad a los eventos sobrenaturales.

Los incidentes iniciales son relativamente menores: puertas que se abren solas, ruidos extraños en la noche y sombras fugaces. Katie está preocupada por estos eventos y, eventualmente, busca la ayuda de un vidente llamado Dr. Fredrichs (interpretado por Mark Fredrichs). Sin embargo, las cosas solo empeoran a medida que los eventos se vuelven más intensos y aterradores.

Micah, en su afán de capturar pruebas visuales de la actividad paranormal, coloca cámaras por toda la casa, incluyendo una en el dormitorio donde él y Katie duermen. A medida que las noches pasan, las grabaciones revelan una presencia siniestra que parece obsesionada con Katie.

La tensión aumenta cuando el vidente les advierte que no deben comunicarse con la entidad, ya que podría empeorar la situación. Sin embargo, Micah, que es escéptico, continúa provocando y desafiando a la entidad, lo que lleva a una escalada de actividad sobrenatural. Katie, por otro lado, está cada vez más aterrorizada y desesperada por encontrar una solución.

La película utiliza el concepto del "sueño de vigilia" para crear algunos de los momentos más aterradores. Este fenómeno se produce cuando una persona duerme pero su mente está despierta, lo que lleva a que Katie sea arrastrada de la cama y arrastrada por el pasillo por una fuerza invisible mientras duerme. Estos momentos son impactantes y contribuyen al terror psicológico de la película.

A medida que la actividad paranormal se vuelve cada vez más violenta, Katie y Micah buscan la ayuda de un experto en demonología, el Dr. Johann Averies (interpretado por Randy McDowell). El Dr. Averies les explica que Katie podría estar siendo acechada por un demonio, y sugiere que podrían necesitar un exorcismo para detener la actividad.

El clímax de la película se desarrolla en la última noche en la casa, cuando la entidad finalmente se manifiesta en toda su ferocidad. La tensión alcanza su punto máximo y la película da un giro aterrador que dejará a los espectadores sin aliento.

Conclusión

"Paranormal Activity" es una película que ha dejado una profunda impresión en el género de terror. La dirección de Oren Peli, junto con la actuación auténtica de los protagonistas y el enfoque de metraje encontrado, crea una experiencia cinematográfica que es aterradora y genuinamente inquietante.

La película es apreciada por su capacidad para crear un sentido de realismo y proximidad a los eventos sobrenaturales. El enfoque de metraje encontrado hace que los eventos paranormales se sientan más reales y, por lo tanto, más aterradores.

Uno de los aspectos más notables de la película es su capacidad para generar miedo a partir de lo desconocido. La entidad que acecha a Katie y Micah rara vez se muestra en pantalla, lo que permite que la imaginación del espectador cree el horror. Además, la película juega con el miedo de lo que podría suceder en la oscuridad de la noche.

"Paranormal Activity" también es apreciada por su enfoque minimalista y su uso efectivo de la tensión. La película demuestra que no se necesita un gran presupuesto ni efectos especiales elaborados para crear una experiencia aterradora.

En resumen, "Paranormal Activity" es una película que ha dejado su marca en el género de terror y ha influido en numerosas películas de metraje encontrado y enfoques similares. Su capacidad para asustar a la audiencia a través de la sugestión y la atmósfera la convierten en una película que continúa siendo apreciada por los amantes del género.

53. DRÁCULA (1958)

Introducción

"Drácula," dirigida por Terence Fisher en 1958, es una película británica que forma parte del catálogo de Hammer Film Productions, conocida por su contribución al género de terror. Esta película es una reinterpretación de la icónica novela de Bram Stoker y se ha convertido en un clásico del cine de vampiros. A lo largo de esta sinopsis, exploraremos los elementos clave de esta película que la han convertido en una de las representaciones más influyentes del Conde Drácula en la pantalla grande.

Sinopsis

La película comienza con la llegada del abogado Jonathan Harker (interpretado por John Van Eyssen) al castillo del Conde Drácula (interpretado por Christopher Lee) en Transilvania. Harker ha sido enviado para cerrar un acuerdo inmobiliario en Inglaterra con el conde, pero pronto descubre que su anfitrión es un ser oscuro y siniestro. Drácula se revela como un vampiro sediento de sangre y, tras un enfrentamiento mortal, Harker es mordido y sufre un destino fatal.

La trama luego se traslada a Inglaterra, donde Lucy Holmwood (interpretada por Carol Marsh), la prometida de Harker, comienza a mostrar signos de enfermedad inexplicable. Su hermano Arthur (interpretado por Michael Gough) y su esposo John (interpretado por

Melissa Stribling) están preocupados y buscan la ayuda del Dr. Van Helsing (interpretado por Peter Cushing), un experto en enfermedades extrañas.

Van Helsing pronto sospecha la verdadera naturaleza de la enfermedad de Lucy y descubre que es víctima de un vampiro. A medida que el terror se apodera de la ciudad, Van Helsing, junto con Arthur y John, se embarca en una misión para rastrear y destruir al vampiro responsable.

La película presenta a Christopher Lee en el papel del Conde Drácula, una elección de casting que se ha convertido en icónica. La actuación de Lee es carismática y siniestra, con una presencia hipnótica que transmite el peligro que representa el personaje. Lee interpretaría a Drácula en varias películas posteriores de Hammer Films, consolidando su estatus como uno de los intérpretes más memorables del personaje.

Peter Cushing, por su parte, da vida al Dr. Van Helsing con una actuación llena de determinación y sabiduría. Van Helsing es el antídoto al mal de Drácula y se convierte en el héroe de la historia, comprometido a detener al vampiro a toda costa.

Uno de los aspectos más destacados de la película es su atmósfera gótica y su estilo visual. La dirección de Terence Fisher crea una sensación de misterio y horror, con imágenes impresionantes de castillos oscuros y paisajes lúgubres. El vestuario y la ambientación evocan la época victoriana con precisión, sumergiendo al espectador en un mundo de elegancia y oscuridad.

La película también se destaca por su enfoque en la violencia y la sangre, que fue impactante en su época. La representación de Drácula como un depredador sediento de sangre que chupa la vida de sus víctimas añade un elemento de terror gráfico que cautivó al público de la década de 1950.

El clímax de la película se desarrolla en un enfrentamiento épico entre Van Helsing y Drácula. La película aprovecha la cruz como un símbolo de protección contra el vampiro y presenta una escena de lucha intensa y emocionante.

Conclusión

"Drácula" (1958) es una película que ha dejado una profunda huella en el género de terror y en la representación del Conde Drácula en el cine. La dirección de Terence Fisher, junto con las actuaciones inolvidables de Christopher Lee y Peter Cushing, crea una experiencia cinematográfica que es aterradora y cautivadora.

La película es apreciada por su capacidad para recrear el espíritu de la novela de Bram Stoker y darle vida de una manera que sigue siendo fiel a la esencia del personaje de Drácula. Christopher Lee se convirtió en un ícono del vampiro, encarnando la elegancia y el peligro del personaje.

"Drácula" también es conocida por su influencia en el género de terror y en las películas de vampiros posteriores. Hammer Films produjo una serie de películas de Drácula con Christopher Lee, y su impacto se ha sentido en la representación del vampiro en la cultura pop.

En resumen, "Drácula" (1958) es una película que sigue siendo una obra maestra del cine de terror y una parte integral de la historia del cine. Su combinación de atmósfera gótica, actuaciones cautivadoras y elementos gráficos de terror la convierten en una película que continúa asustando y fascinando a las audiencias hoy en día.

54. VAMPYR, LA BRUJA VAMPIRO (1932)

Introducción

"Vampyr," dirigida por Carl Theodor Dreyer en 1932, es una película de terror silente que ha dejado una marca indeleble en la historia del cine. Esta obra maestra es conocida por su estilo visual único y su enfoque atmosférico en la narración, lo que la convierte en una película emblemática del cine de terror expresionista alemán. A lo largo de esta sinopsis, exploraremos los elementos clave de esta película que la han convertido en un hito del cine de horror.

Sinopsis

La trama de "Vampyr" sigue a Allan Gray (interpretado por Julian West), un viajero y estudiante de lo oculto que llega a un pequeño pueblo francés. Gray se hospeda en una posada local, donde pronto se encuentra inmerso en un mundo de pesadillas y misterio. La película comienza con una atmósfera onírica cuando Gray tiene un sueño vívido en el que una joven en peligro es perseguida por un hombre siniestro con una guadaña.

A medida que Gray explora el pueblo y sus alrededores, se encuentra con una serie de personajes inquietantes y situaciones inexplicables. Una anciana le advierte sobre el mal que acecha en el pueblo, y poco después, descubre un ataúd con su nombre en una casa abandonada.

El hermano de la anciana, el doctor, está gravemente enfermo y sospecha que su enfermedad es el resultado de la influencia de un vampiro. Gray se convierte en un investigador de lo sobrenatural mientras trata de entender lo que está sucediendo en el pueblo.

La película se desarrolla con una narrativa no lineal y una atmósfera opresiva. La falta de diálogos y el uso de títulos intercalados contribuyen a la sensación de un mundo en el que las palabras son insuficientes para expresar el horror que se avecina. En lugar de depender de diálogos, la película utiliza imágenes y sonidos para contar su historia de una manera evocadora y perturbadora.

Uno de los momentos más memorables de "Vampyr" es la escena en la que Gray es perseguido por un grupo de espíritus vengativos en un molino abandonado. Esta secuencia, que se ha convertido en un ícono del cine de terror, captura la sensación de pesadilla y paranoia que impregna toda la película.

El enfoque visual de la película es uno de sus aspectos más destacados. Dreyer utiliza una variedad de técnicas de cámara y efectos visuales para crear una atmósfera única. Las sombras, la iluminación expresionista y la composición de las escenas se combinan para dar vida a un mundo de pesadillas.

A medida que Gray profundiza en su investigación, descubre que una mujer llamada Leone (interpretada por Sybille Schmitz) está siendo víctima de una influencia vampírica. Leone está en un estado de trance y es controlada por el villano, el vampiro, que se revela como una figura siniestra y carismática.

El clímax de la película se desarrolla en un oscuro y tenebroso castillo donde Gray se enfrenta al vampiro en una batalla espiritual. La película culmina en una secuencia de horror surrealista que desafía la lógica y sumerge al espectador en el mundo de lo inexplicable.

Conclusión

"Vampyr" es una película que ha dejado una profunda huella en el cine de terror. La dirección de Carl Theodor Dreyer, junto con su estilo visual expresionista y su narrativa evocadora, crea una experiencia cinematográfica única y perturbadora.

La película es apreciada por su capacidad para crear una atmósfera de pesadilla y su enfoque en la narración visual. La falta de diálogos y la dependencia de las imágenes y los sonidos para contar la historia le dan a la película un sentido de misterio y tensión que la hace inolvidable.

"Vampyr" también es conocida por su influencia en el cine de terror y su estatus como una obra maestra del cine silente. Ha inspirado a generaciones de cineastas y sigue siendo una película que desafía las convenciones del género.

En resumen, "Vampyr" es una película que ha dejado su marca en la historia del cine de terror. Su enfoque visual único y su atmósfera inquietante la convierten en una experiencia cinematográfica que sigue siendo apreciada por los amantes del cine de horror y la cinematografía artística.

55. KWAIDAN (EL MÁS ALLÁ) (1964)

Introducción

"Kwaidan," dirigida por Masaki Kobayashi en 1964, es una película japonesa única en su género. Esta obra maestra del cine se compone de cuatro historias de horror basadas en relatos folclóricos japoneses. La película es conocida por su impresionante belleza visual, su narrativa inmersiva y su habilidad para explorar el miedo y lo sobrenatural de manera poética. A lo largo de esta sinopsis, exploraremos las cuatro historias que componen "Kwaidan" y su impacto en el cine de terror.

Sinopsis

"El Hilo del Diablo" (Black Hair)

La película comienza con la historia de "El Hilo del Diablo." En esta historia, un joven samurái (interpretado por Rentarô Mikuni) abandona a su esposa (interpretada por Michiyo Aratama) para casarse con una mujer más rica. Años después, el samurái se da cuenta de que su nueva esposa es fría y materialista, y él añora a su antigua esposa, que había sido leal y amorosa.

Decide regresar a su antiguo hogar y, al llegar allí, encuentra a su esposa esperándolo. A pesar del tiempo que ha pasado, ella parece no haber envejecido en absoluto. El samurái pasa la noche con ella, pero al amanecer descubre la verdad espantosa: su esposa está muerta y él ha pasado la noche con un cadáver. La historia revela una cruda lección sobre la importancia de la fidelidad y el remordimiento.

"La Mujer de las Nieves" (The Woman of the Snow)

La segunda historia, "La Mujer de las Nieves," narra la experiencia de un joven leñador llamado Minokichi (interpretado por Tatsuya Nakadai) y su encuentro con una entidad sobrenatural. Mientras trabaja en la montaña con su viejo maestro, Minokichi es atrapado en una tormenta de nieve mortal. A punto de congelarse, es salvado por una misteriosa mujer vestida de blanco (interpretada por Keiko Kishi).

Minokichi se desmaya y se despierta en una cabaña donde se encuentra con la misma mujer, pero ahora está viva y hermosa. La mujer le dice que no debe contarle a nadie sobre su encuentro ni sobre su apariencia. Minokichi jura mantener el secreto.

Años después, Minokichi se casa y tiene una familia, pero un día, mientras cuenta la historia de su encuentro con la mujer de las nieves a su esposa, ella revela que también es la mujer de las nieves. Sin embargo, ella perdona a Minokichi debido a su promesa de no contar el secreto.

"El Corte del Cuello" (Hoichi the Earless)

La tercera historia, "El Corte del Cuello," sigue a Hoichi (interpretado por Katsuo Nakamura), un joven músico ciego que es convocado a un monasterio para tocar sus canciones para un grupo de samuráis fallecidos en una batalla legendaria. Lo que Hoichi no sabe es que estos samuráis son espíritus vengativos que quieren escuchar su música para calmar sus almas atormentadas.

El monasterio esconde secretos oscuros y Hoichi se encuentra atrapado en un dilema entre su amor por la música y su vida. Los monjes del monasterio toman medidas drásticas para proteger a Hoichi de los espíritus vengativos, lo que da lugar a un enfrentamiento sobrenatural impresionante.

"En el Fondo del Agua" (In a Cup of Tea)

La cuarta y última historia, "En el Fondo del Agua," sigue a un hombre llamado Kannai (interpretado por Osamu Takizawa) que se encuentra con un rostro en el agua mientras bebe té. Este rostro misterioso aparece en el té una y otra vez, acechando a Kannai y perturbando su vida.

A medida que Kannai se obsesiona con el rostro en el té, su cordura se desmorona y su vida se convierte en una pesadilla. La historia se convierte en un cuento de horror existencial que explora la paranoia y la obsesión de manera magistral.

Conclusión

"Kwaidan" es una película que ha dejado una huella duradera en el cine de terror. La dirección de Masaki Kobayashi, junto con la impresionante cinematografía en color y las actuaciones cautivadoras, crea una experiencia cinematográfica que es tanto hermosa como aterradora.

La película es apreciada por su capacidad para explorar el miedo y lo sobrenatural de manera poética y reflexiva. Cada una de las cuatro historias se basa en cuentos folclóricos japoneses y ofrece una visión única del horror y la moralidad.

"Kwaidan" también es conocida por su impresionante diseño de producción y sus efectos visuales innovadores para su época. La película utiliza la paleta de colores de manera magistral para crear una atmósfera inquietante y evocadora.

En resumen, "Kwaidan" es una película que sigue siendo una obra maestra del cine de terror y una parte integral de la historia del cine japonés. Su enfoque en la belleza visual y la exploración poética del horror la convierten en una película que continúa asombrando y fascinando a las audiencias hoy en día.

56. ¿QUIÉN PUEDE MATAR A UN NIÑO? (1976)

Introducción

"¿Quién Puede Matar a un Niño?" es una película de terror española dirigida por Narciso Ibáñez Serrador en 1976, basada en la novela "El Juego de los Niños" de Juan José Plans. La película es conocida por su exploración audaz y provocativa de un tema tabú: la maldad infantil. A lo largo de esta sinopsis, exploraremos los elementos clave de esta película que la han convertido en una de las películas de terror más inquietantes y memorables de la historia del cine.

Sinopsis

La película comienza con una secuencia impactante en la que un fotógrafo turista inglés, Tom (interpretado por Lewis Fiander), llega a una isla costera española con su esposa Evelyn (interpretada por Prunella Ransome) en busca de unas tranquilas vacaciones. Sin embargo, lo que encuentran en la isla es muy diferente de lo que esperaban.

A medida que Tom y Evelyn exploran la isla, descubren que parece estar desierta, con una extraña ausencia de adultos. La pareja se encuentra con algunos niños locales, pero rápidamente se dan cuenta de que algo no está bien. Los niños actúan de manera inusualmente hostil y violenta, atacando a los adultos y demostrando una crueldad que es completamente inapropiada para su edad.

La tensión aumenta cuando Tom y Evelyn descubren cadáveres de adultos en la iglesia de la isla, y se dan cuenta de que están atrapados en un lugar donde los niños son los perpetradores de una pesadilla violenta. Intentan escapar de la isla, pero se dan cuenta de que los niños han destruido sus medios de comunicación y transporte.

La pareja se esconde en un faro mientras los niños, cada vez más numerosos, los persiguen. La situación se vuelve cada vez más desesperada cuando Evelyn descubre que está embarazada, lo que la convierte en un objetivo especialmente vulnerable para los niños. A medida que la película avanza, la lucha por la supervivencia se intensifica, y Tom y Evelyn se ven obligados a enfrentar la perturbadora pregunta: ¿quién puede matar a un niño?

El director Narciso Ibáñez Serrador crea una atmósfera de tensión constante en la película. La isla, que debería ser un paraíso tranquilo, se convierte en un escenario opresivo y claustrofóbico donde la amenaza infantil está en todas partes. La banda sonora agrega una capa adicional de inquietud a medida que los eventos se desarrollan.

La actuación de los niños en la película es sorprendentemente escalofriante. Interpretan a los villanos de manera convincente, mostrando una mezcla aterradora de inocencia infantil y maldad despiadada. Este contraste es lo que hace que la película sea tan inquietante; los niños son los antagonistas, pero también son víctimas de algún tipo de enfermedad o maldición desconocida.

La película también aborda temas profundos y provocativos. Explora la idea de que la maldad no está necesariamente limitada a los adultos y que los niños, incluso los más jóvenes, pueden ser capaces de actos terribles bajo ciertas circunstancias. Además, la película plantea preguntas sobre la moralidad y la ética, especialmente en situaciones extremas donde la supervivencia está en juego.

El clímax de la película es emocionalmente devastador, ya que Tom y Evelyn se ven forzados a tomar medidas drásticas para defenderse de los niños. La película no ofrece una resolución fácil y deja al espectador con una sensación duradera de inquietud y angustia.

Conclusión

"¿Quién Puede Matar a un Niño?" es una película de terror que se ha ganado su lugar en la historia del cine por su audaz exploración de la maldad infantil y su capacidad para crear una atmósfera inquietante y claustrofóbica. La dirección de Narciso Ibáñez Serrador, junto con las actuaciones impactantes, hacen que la película sea una experiencia cinematográfica memorable y perturbadora.

La película es apreciada por su valentía al abordar un tema tabú y provocativo en el cine de terror. A través de su narrativa y su atmósfera intensa, la película desafía las expectativas del género y ofrece una experiencia cinematográfica única.

"¿Quién Puede Matar a un Niño?" es una película que deja una impresión duradera en quienes la ven, ya que plantea preguntas profundas sobre la moralidad, la crueldad y la supervivencia en situaciones extremas. Es una obra maestra del cine de terror que sigue siendo relevante y perturbadora hoy en día.

57. DRÁCULA (1931)

Introducción

"Drácula" es una película icónica del cine de terror dirigida por Tod Browning y estrenada en 1931. Esta película se basa en la obra de teatro homónima de Hamilton Deane y John L. Balderston, que a su vez está inspirada en la famosa novela "Drácula" de Bram Stoker. "Drácula" es conocida por ser la primera adaptación cinematográfica importante de la novela y por marcar el inicio de la era del cine de horror gótico en Hollywood. A través de esta sinopsis, exploraremos los elementos clave de esta película que la han convertido en un clásico atemporal.

Sinopsis

La trama de "Drácula" sigue a Renfield (interpretado por Dwight Frye), un agente inmobiliario que viaja a Transilvania para cerrar un trato con el misterioso Conde Drácula (interpretado por Bela Lugosi) para adquirir una propiedad en Inglaterra. Durante su viaje, Renfield se encuentra con la hostilidad de los lugareños, quienes le advierten sobre el Conde y sus malvados poderes.

A su llegada al castillo del Conde, Renfield es recibido con hospitalidad, pero pronto se da cuenta de que está atrapado en el castillo y bajo el influjo del Conde Drácula. Mientras tanto, en Inglaterra, el profesor Abraham Van Helsing (interpretado por Edward Van Sloan) se preocupa por la extraña enfermedad de Renfield y la sospecha de que está siendo víctima de un vampiro.

La película se traslada a Inglaterra, donde Renfield llega con Drácula como su prisionero. El Conde pronto se involucra en una serie de encuentros nocturnos donde se encuentra con Mina Seward (interpretada por Helen Chandler) y su amiga Lucy Weston (interpretada por Frances Dade). Drácula se siente particularmente atraído por Lucy y la convierte en su primera víctima.

Lucy comienza a mostrar signos de vampirismo, y su salud se deteriora rápidamente. Su padre, el doctor Jack Seward (interpretado por Herbert Bunston), busca la ayuda del profesor Van Helsing para comprender lo que está sucediendo. Juntos, descubren la verdadera naturaleza del mal que acecha en su ciudad: un vampiro inmortal.

Mientras tanto, Mina, la prometida de John Harker (interpretado por David Manners), también cae bajo la influencia del Conde Drácula. El profesor Van Helsing y Harker se unen en un esfuerzo desesperado para salvar a Mina de su destino vampírico.

La película culmina en un enfrentamiento épico entre el profesor Van Helsing y el Conde Drácula en una batalla a vida o muerte. Utilizando elementos de la mitología vampírica, Van Helsing se enfrenta al vampiro con ajo y una cruz, luchando por la vida de Mina.

Conclusión

"Drácula" (1931) es una película que ha dejado una huella indeleble en la historia del cine de terror. La dirección de Tod Browning, junto con la icónica actuación de Bela Lugosi como el Conde Drácula, estableció los estándares para futuras adaptaciones cinematográficas de vampiros. La película se destacó por su enfoque en la atmósfera gótica, la ambientación siniestra y la tensión psicológica, marcando el comienzo del cine de terror clásico de Hollywood.

Bela Lugosi, en el papel del Conde Drácula, entregó una actuación inolvidable que se convirtió en su firma en el cine. Su presencia carismática y su voz profunda y resonante le dieron vida al personaje de una manera que ha dejado una impresión duradera en la cultura popular.

La película también fue pionera en la utilización de efectos visuales y técnicas de maquillaje para representar la transformación de los personajes en vampiros. La representación visual de los colmillos de

Drácula, su hipnotismo y su sed de sangre sentaron las bases para futuras películas de vampiros.

El profesor Van Helsing, interpretado por Edward Van Sloan, encarnó la lucha contra el mal sobrenatural y se convirtió en un arquetipo en el cine de terror. Su papel como sabio y valiente cazador de vampiros se ha repetido en numerosas películas posteriores.

"Drácula" (1931) es una película que sigue siendo apreciada por su contribución al género de terror y su influencia en el cine de vampiros. Su atmósfera ominosa y su narrativa inquietante siguen cautivando a las audiencias y siguen siendo una referencia en el mundo del cine. Esta película clásica perdura como una de las mejores adaptaciones cinematográficas de la obra maestra de Bram Stoker y una de las más influyentes en la historia del cine de terror.

58. FUNNY GAMES (1997)

Introducción

"Funny Games" es una película austriaca dirigida por Michael Haneke en 1997. Esta película es una experiencia cinematográfica única y perturbadora que desafía las convenciones del género de terror. Haneke, conocido por su enfoque provocativo en temas sociales y humanos, utiliza "Funny Games" para examinar la violencia y el voyeurismo en la cultura contemporánea. A través de esta sinopsis, exploraremos los elementos clave de esta película que la han convertido en una obra maestra del cine de terror psicológico.

Sinopsis

La película sigue a una familia acomodada compuesta por Anna (interpretada por Susanne Lothar), Georg (interpretado por Ulrich Mühe) y su hijo pequeño Georgie (interpretado por Stefan Clapczynski), quienes están disfrutando de unas vacaciones en su casa de campo junto a un lago. Su tranquilidad se ve interrumpida cuando dos jóvenes extraños, Peter (interpretado por Frank Giering) y Paul (interpretado por Arno Frisch), llegan a su puerta en busca de huevos para su amable vecino.

Lo que comienza como un encuentro aparentemente inocente se convierte rápidamente en una pesadilla cuando los dos visitantes se revelan como sádicos y violentos. Peter y Paul toman a la familia como rehenes en su propia casa, y a partir de ese momento, comienza un juego siniestro y perturbador.

La película se desarrolla en tiempo real y está marcada por la brutalidad física y psicológica a la que los rehenes son sometidos. Los dos jóvenes se deleitan en torturar a la familia y obligarlos a participar en juegos mortales. Los métodos que utilizan son crueles y meticulosamente planeados, pero su comportamiento también tiene un matiz perversamente teatral, como si estuvieran actuando para una audiencia invisible.

A medida que la película avanza, la línea entre los perpetradores y las víctimas se vuelve borrosa. La familia, desesperada por sobrevivir, busca cualquier oportunidad para escapar o resistirse a sus captores. Sin embargo, Peter y Paul parecen tener un control absoluto sobre la situación y siempre están un paso adelante.

Uno de los aspectos más inquietantes de "Funny Games" es la forma en que los dos jóvenes rompen la cuarta pared y se dirigen directamente a la audiencia. En varias ocasiones, miran a la cámara y hacen comentarios cínicos sobre la película y su propia maldad. Este rompimiento de la cuarta pared es un recordatorio constante de la presencia del espectador y de su propio papel como testigo de la violencia y el sufrimiento en pantalla.

El título irónico de la película, "Funny Games" (Juegos Divertidos), contrasta drásticamente con la crueldad de los actos cometidos por los personajes. Esta ironía subraya el comentario de Haneke sobre la representación de la violencia en los medios de comunicación y la cultura popular. La película desafía al espectador a cuestionar su propia complacencia ante la violencia en el cine y la televisión.

A medida que la película se acerca a su desgarrador desenlace, la tensión alcanza su punto máximo. El sufrimiento de la familia y la sensación de impotencia se vuelven casi insoportables. Haneke presenta una realidad brutal en la que la violencia no es glamorosa ni excitante, sino dolorosa y devastadora.

Conclusión

"Funny Games" es una película que deja una profunda impresión en quienes la ven. Michael Haneke logra crear una experiencia cinematográfica inquietante y provocativa que desafía las expectativas del género de terror. La película es una crítica feroz a la representación de la violencia en los medios de comunicación y el morbo que a menudo rodea a tales representaciones.

La actuación de los actores, especialmente la de los jóvenes Peter y Paul, es impresionante en su malevolencia. Logran encarnar a personajes que son perturbadoramente humanos en su crueldad, lo que hace que la película sea aún más impactante.

A través de su enfoque en el voyeurismo, la película hace que el espectador cuestione su propia participación en la observación de la violencia en la pantalla. Al romper la cuarta pared, Haneke desafía directamente al espectador y lo confronta con la responsabilidad de ser testigo de actos terribles.

En última instancia, "Funny Games" es una película que busca perturbar y provocar reflexión. Es un recordatorio impactante de la capacidad del cine para confrontar a la audiencia con cuestiones incómodas y desafiantes. Aunque es una experiencia cinematográfica difícil, es una obra maestra del cine de terror psicológico que sigue siendo discutida y analizada por su poderoso mensaje y su estilo cinematográfico único.

59. EL FANTASMA DEL PARAÍSO (1974)

Introducción

"El Fantasma del Paraíso" es una película musical de terror dirigida por Brian De Palma y estrenada en 1974. Esta película es una obra maestra del cine de culto que fusiona elementos del género de terror, la comedia y el musical en una narrativa vibrante y retorcida. A través de esta sinopsis, exploraremos los elementos clave de "El Fantasma del Paraíso" que la han convertido en una película icónica y fascinante.

Sinopsis

La trama de la película gira en torno a Winslow Leach (interpretado por William Finley), un joven compositor de música que aspira a crear su obra maestra, una ópera rock basada en la historia de Fausto. Winslow está emocionado por su proyecto, pero cae en las garras de Swan (interpretado por Paul Williams), un astuto productor musical que roba su música y se apropia de su obra para su propio beneficio.

Desesperado y enojado, Winslow trata de detener a Swan y recuperar su música, pero termina en prisión. Mientras está encarcelado, sufre un terrible accidente que lo desfigura, pero también le da una voz única y distintiva. Escapa de prisión y, usando una capa y una máscara que ocultan su rostro desfigurado, se convierte en el "Fantasma" que persigue a Swan y su imperio musical, conocido como el "Paraíso".

Swan, por otro lado, está ocupado preparando el debut de su nueva protegida, la hermosa cantante Phoenix (interpretada por Jessica Harper), en una producción llamada "Faust". Sin embargo, Winslow/El Fantasma interviene en la producción para sabotear a Swan y recuperar su música. A medida que se desarrolla la rivalidad entre Winslow y Swan, Phoenix queda atrapada en medio de la lucha.

La película se desenvuelve en una serie de eventos caóticos y grotescos mientras Winslow intenta vengarse de Swan y redimir su obra. El Fantasma lleva a cabo sus acciones bajo la influencia de la ópera rock que había compuesto, y cada movimiento está acompañado de música intensa y emocionante.

A medida que la tensión se acumula, se revela que Swan ha hecho un trato diabólico con un misterioso personaje llamado Beef (interpretado por Gerrit Graham), quien interpreta al personaje de Fausto en la producción. Swan ha vendido su alma para obtener el éxito, y su trato incluye un contrato que implica su propia inmortalidad.

La película culmina en un apoteósico clímax durante la representación de "Faust". Winslow/El Fantasma intenta detener la actuación y confrontar a Swan en un enfrentamiento épico que involucra muerte, destrucción y revelaciones impactantes sobre los tratos oscuros que Swan ha hecho para alcanzar la fama y el éxito.

Conclusión

"El Fantasma del Paraíso" es una película única en su enfoque y ejecución. Brian De Palma crea una obra que es al mismo tiempo una sátira del negocio de la música y una oscura fantasía sobre la lucha por la creatividad y la identidad. La película es un desafío a las convenciones del género de terror y una celebración de la música rock.

Uno de los elementos más destacados de la película es su banda sonora, que presenta canciones originales escritas por Paul Williams, quien también interpreta al villano Swan. Las canciones, incluyendo "The Phantom's Theme" y "Old Souls", contribuyen en gran medida a la atmósfera única de la película y ayudan a contar la historia de una manera única y memorable.

William Finley interpreta magistralmente a Winslow/El Fantasma, capturando la angustia y la obsesión de su personaje. Paul Williams, en su papel de Swan, ofrece una actuación carismáticamente diabólica, convirtiéndolo en uno de los villanos más icónicos del cine de culto.

La película también se beneficia de su estilo visual y su sentido del humor oscuro. La dirección de De Palma utiliza una paleta de colores vibrantes y una narrativa visual que recuerda a las películas de terror gótico, pero con un giro moderno. La mezcla de géneros y la inclinación hacia lo extravagante y lo grotesco le dan a la película un tono único que la diferencia de otras películas de terror.

"El Fantasma del Paraíso" es una película que se ha ganado su lugar en la cultura pop como un clásico de culto. Su narrativa retorcida y su música inolvidable la convierten en una experiencia cinematográfica que sigue siendo apreciada por los amantes del cine que buscan algo fuera de lo común. Es una obra maestra del cine de culto que celebra la creatividad, critica la industria del entretenimiento y ofrece una narrativa visualmente impactante.

60. ONIBABA (1964)

Introducción

"Onibaba" es una película japonesa dirigida por Kaneto Shindô y estrenada en 1964. Esta película es una obra maestra del cine japonés que combina elementos del terror, el drama histórico y la alegoría social en un relato oscuro y poderoso. A través de esta sinopsis, exploraremos los elementos clave de "Onibaba" que la han convertido en una película icónica y profundamente conmovedora.

Sinopsis

La película se desarrolla en el Japón feudal durante el período Muromachi, un tiempo de guerra y desesperación. La trama sigue a dos mujeres, una madre (interpretada por Nobuko Otowa) y su nuera (interpretada por Jitsuko Yoshimura), quienes luchan por sobrevivir en un paisaje desolado y peligroso.

La madre y la nuera viven en una choza solitaria en medio de un pantano espeso. Su vida es una lucha constante por la comida y la seguridad, ya que los conflictos bélicos han dejado la tierra devastada y llena de bandidos. Para sobrevivir, las mujeres matan a los samuráis errantes que caen en su trampa en el pantano y luego venden sus armaduras y armas para obtener comida.

La relación entre la madre y la nuera está marcada por la desesperación compartida, pero también por la rivalidad y la tensión. La madre mantiene el control sobre la nuera y la convence de que su difunto esposo no regresará jamás de la guerra. Esta relación se complica cuando aparece un misterioso samurái (interpretado por Kei Satō) que sobrevivió a la emboscada en el pantano. El samurái se convierte en un huésped involuntario de las mujeres mientras se recupera de sus heridas.

La presencia del samurái altera profundamente la dinámica de la choza. La nuera, que anhela una vida mejor y la posibilidad de escapar de la choza, comienza a desarrollar sentimientos por el samurái, lo que genera celos y resentimiento en la madre. La madre también está intrigada por el samurái, pero su enfoque es más pragmático, ya que ve al hombre como una oportunidad para obtener más comida y suministros.

La película se desarrolla en medio de una atmósfera sofocante y opresiva, donde el pantano y la choza se convierten en metáforas de la desolación y la alienación. Los personajes están atrapados en un ciclo de violencia y desesperación, sin esperanza de escapar de su entorno miserable.

A medida que la trama avanza, se revelan secretos oscuros y se profundizan las tensiones entre los personajes. El samurái se convierte en un símbolo de la ambigüedad moral y la lucha por la supervivencia en un mundo despiadado.

La película culmina en un final impactante y sombrío que plantea preguntas sobre la moralidad, la responsabilidad y la naturaleza humana en tiempos de crisis.

Conclusión

"Onibaba" es una película poderosa que combina el horror psicológico y la alegoría social en un contexto histórico japonés. Kaneto Shindô logra crear una obra maestra visualmente impresionante y emocionalmente perturbadora.

La elección de ambientar la película en el Japón medieval durante un período de guerra y desesperación añade una capa adicional de significado a la historia. La película se convierte en una reflexión sobre la lucha por la supervivencia en circunstancias extremas y las acciones extremas que las personas están dispuestas a tomar para sobrevivir.

El paisaje del pantano y la choza se convierten en metáforas visuales de la desolación y la alienación. La película utiliza la oscuridad y la claustrofobia para crear una atmósfera opresiva que se siente inquietantemente real.

Las actuaciones de los actores, en particular de Nobuko Otowa como la madre y Jitsuko Yoshimura como la nuera, son excepcionales. Logran transmitir la desesperación y la complejidad emocional de sus personajes de manera conmovedora.

La película también plantea preguntas profundas sobre la moralidad y la naturaleza humana. ¿Hasta dónde llegaríamos para sobrevivir en circunstancias desesperadas? ¿Cuáles son las consecuencias de nuestras acciones? Estas son cuestiones que resuenan a lo largo de la película y que hacen que la audiencia reflexione sobre la condición humana.

En última instancia, "Onibaba" es una obra maestra del cine japonés que sigue siendo relevante y conmovedora décadas después de su lanzamiento. Su narrativa oscura y su enfoque en la desesperación y la alienación lo convierten en una película que deja una profunda impresión en quienes la ven. Es una obra cinematográfica que merece ser reconocida y apreciada por su habilidad para explorar temas universales a través de una historia profundamente inquietante.

61. HOST (2020)

Introducción

"Host" es una película de terror dirigida por Rob Savage y lanzada en 2020. La película se destacó por ser una de las primeras producciones que exploró el género del "metraje encontrado" en el contexto de la pandemia de COVID-19, lo que le dio una relevancia única en su lanzamiento. A través de esta sinopsis, exploraremos los elementos clave de "Host" que la han convertido en una película impactante y relevante para la era digital.

Sinopsis

La historia de "Host" sigue a un grupo de seis amigos que, debido a las restricciones de distanciamiento social impuestas por la pandemia de COVID-19, deciden realizar una sesión de espiritismo a través de una videollamada de Zoom. El grupo incluye a Haley (interpretada por Haley Bishop), Radina (interpretada por Radina Drandova), Jemma (interpretada por Jemma Moore), Emma (interpretada por Emma Louise Webb), Caroline (interpretada por Caroline Ward) y Teddy (interpretado por Edward Linard).

Haley es quien organiza la sesión y la invita a su grupo de amigos como una forma de hacer frente al aislamiento social y tener una experiencia emocionante durante el confinamiento. Para darle autenticidad a la sesión, contactan a un supuesto experto en actividad paranormal en línea, Seylan (interpretado por Seylan Baxter), quien se une a través de Zoom para guiar la sesión.

Inicialmente, la sesión comienza de manera relajada y divertida, con el grupo burlándose de los estereotipos de las películas de terror y dudando de la autenticidad de lo paranormal. Sin embargo, a medida que avanzan en la sesión, cosas extrañas comienzan a suceder. Una de las amigas siente que alguien la toca, otra ve una figura siniestra en su pantalla y se produce un corte de energía repentino.

Lo que sigue es una escalada de terror en tiempo real mientras el grupo lucha por comprender y sobrevivir a la actividad paranormal que han desencadenado. Seylan, el experto en actividad paranormal, intenta guiarlos a través de la sesión y les advierte sobre la importancia de seguir las reglas y no desconectar la llamada antes de que sea seguro. Sin embargo, la situación se vuelve cada vez más caótica y aterradora.

A lo largo de la película, el grupo se enfrenta a fenómenos paranormales aterradores, incluyendo figuras espectrales, posesiones demoníacas y eventos sobrenaturales que desafían la lógica. La tensión aumenta a medida que las amigas luchan por mantenerse con vida y se dan cuenta de que están atrapadas en una situación que no pueden controlar.

La película utiliza de manera efectiva el formato de videollamada de Zoom para crear una sensación de claustrofobia y proximidad, a pesar de que los personajes están separados físicamente. Las restricciones tecnológicas, como la calidad de la imagen borrosa y las interrupciones en la señal, agregan autenticidad a la experiencia y aumentan la sensación de vulnerabilidad de los personajes.

La película también juega con la idea de la soledad y el aislamiento que muchas personas experimentaron durante la pandemia. A pesar de estar conectados a través de la tecnología, los personajes se sienten aislados y desamparados frente a lo paranormal, lo que resuena con la experiencia de muchas personas durante el confinamiento.

A medida que la película llega a su clímax, el grupo debe enfrentar sus miedos y desafiar a lo desconocido para sobrevivir. La película se convierte en un frenesí de horror visceral que mantiene a la audiencia al borde de sus asientos hasta el último minuto.

Conclusión

"Host" es una película de terror que se destaca por su enfoque innovador y relevante en la era digital. Rob Savage logra crear una experiencia cinematográfica intensamente aterradora utilizando la plataforma de videollamadas de Zoom como su escenario principal.

La película juega con el miedo a lo desconocido y la vulnerabilidad de estar conectado digitalmente pero aislado físicamente. A través de una narrativa en tiempo real, el público es testigo de la creciente angustia y desesperación de los personajes mientras enfrentan lo paranormal en sus propios hogares.

Las actuaciones del elenco son notables, ya que los actores logran transmitir una gama completa de emociones, desde la diversión inicial hasta el terror extremo. La combinación de la tecnología moderna y los elementos sobrenaturales crea una experiencia auténtica y perturbadora que resuena con la audiencia.

En última instancia, "Host" es una película de terror que captura la ansiedad y el miedo que caracterizaron la pandemia de COVID-19 y la adaptación a la vida en línea. Es un recordatorio inquietante de que, incluso en un mundo cada vez más digital, todavía existen terrores más allá de nuestra comprensión. La película ha demostrado ser un hito en el género del metraje encontrado y es un testimonio del poder del cine para reflejar y explorar los temores contemporáneos.

62. LA CARRETA FANTASMA (1921)

Introducción

"La Carreta Fantasma" (Körkarlen, en sueco) es una película muda sueca dirigida por Victor Sjöström y estrenada en 1921. Esta obra maestra del cine mudo es una película icónica que combina elementos del drama, el horror y lo sobrenatural para contar una historia profundamente conmovedora sobre la redención y la moralidad. A través de esta sinopsis, exploraremos los elementos clave de "La Carreta Fantasma" que la han convertido en una película atemporal.

Sinopsis

La película sigue la historia de David Holm (interpretado por Victor Sjöström), un alcohólico despiadado que vive una vida de depravación y crueldad. David es conocido en su comunidad como un hombre sin escrúpulos que ha arruinado la vida de muchas personas, incluida su propia familia.

La historia comienza en la víspera de Año Nuevo cuando David está a punto de morir de hipotermia en una taberna junto a su amigo y cómplice, Georges (interpretado por Tore Svennberg). Antes de exhalar su último aliento, David es visitado por la figura de la muerte, quien llega en una carreta fantasmal tirada por un caballo esquelético. La muerte le informa a David que ha llegado para llevarse su alma al Más Allá, pero David se niega a aceptar su destino y se burla de la muerte.

En un acto de desafío, David se compromete a encontrar a alguien más malvado que él antes de que la vela de Año Nuevo se apague. Si tiene éxito, su alma será liberada. Pero si falla, su alma será condenada a la carreta fantasmal por toda la eternidad.

David comienza su búsqueda en la ciudad, visitando lugares oscuros y personas de su pasado. A medida que avanza la noche, revive sus acciones crueles y el sufrimiento que ha causado a lo largo de su vida. Mientras tanto, su esposa (interpretada por Hilda Borgström) y su hermana (interpretada por Astrid Holm) están angustiadas por su aparente muerte y hacen todo lo posible para encontrarlo.

A medida que se desarrolla la trama, David se encuentra con una serie de personajes, incluida una mujer moribunda a la que había engañado en el pasado y un grupo de personas desfavorecidas que luchan por sobrevivir. A medida que interactúa con estas personas y se enfrenta a las consecuencias de sus acciones pasadas, David comienza a experimentar un profundo remordimiento y arrepentimiento.

El clímax de la película se acerca cuando David intenta redimirse y salvar a la mujer moribunda. Su desesperación y su búsqueda de redención culminan en un momento de profunda emoción y trascendencia.

Conclusión

"La Carreta Fantasma" es una película extraordinaria que se destaca por su narrativa conmovedora y su representación visual impresionante. Victor Sjöström, quien también interpreta al protagonista, ofrece una actuación magistral que transmite la complejidad y la transformación de su personaje, David Holm.

La película es un relato profundamente humano sobre la redención y la moralidad. A través de la experiencia de David, la película explora temas de culpa, arrepentimiento y la posibilidad de cambiar, incluso en el último momento de la vida. La presencia constante de la muerte como un recordatorio de la mortalidad agrega un elemento sobrenatural y filosófico a la historia.

Visualmente, "La Carreta Fantasma" es una obra maestra. Las imágenes de la carreta fantasmal, el caballo esquelético y las escenas de niebla crean una atmósfera inquietante que se queda en la memoria del espectador mucho después de haber visto la película.

La película también utiliza efectos especiales innovadores para la época, incluyendo escenas de transformación y superposición de imágenes que agregan un elemento de surrealismo al filme.

"La Carreta Fantasma" es una película que ha perdurado a lo largo del tiempo debido a su profunda exploración de la condición humana y su impactante representación visual. Es una película que invita a la reflexión sobre el perdón y la redención, y cómo nuestras acciones pueden afectar a los demás y a nosotros mismos.

En última instancia, "La Carreta Fantasma" es una joya del cine mudo que sigue siendo relevante y poderosa en la actualidad. Su mensaje sobre la moralidad y la posibilidad de cambio resuena con la audiencia, y su estilo visual distintivo la convierte en una obra maestra del cine.

63. EL FOTÓGRAFO DEL PÁNICO (1960)

Introducción

"El Fotógrafo del Pánico" (también conocida como "Peeping Tom") es una película británica dirigida por Michael Powell y lanzada en 1960. La película es una obra maestra del cine de terror y psicológico que desafió las convenciones de su tiempo al explorar temas tabú y oscuros relacionados con la obsesión y la naturaleza del arte. A través de esta sinopsis, exploraremos los elementos clave de "El Fotógrafo del Pánico" que la han convertido en una película influyente y profundamente inquietante.

Sinopsis

La película sigue la vida de Mark Lewis (interpretado por Carl Boehm), un joven aparentemente tranquilo y tímido que trabaja como fotógrafo de retratos en un estudio. Sin embargo, detrás de su apariencia común se oculta un oscuro secreto: Mark es un asesino en serie que filma la muerte de sus víctimas.

Mark sufre de una extraña obsesión que lo lleva a asesinar a mujeres con una cámara especial que incorpora una afilada cuchilla en su trípode. Filma sus acciones, capturando el momento exacto en que la vida abandona los ojos de sus víctimas. Además de ser un asesino, Mark también tiene un oscuro interés en el comportamiento humano y la reacción de las personas al miedo y la muerte.

A medida que avanza la trama, se revela que Mark sufrió abusos extremos en su infancia a manos de su padre, un psicólogo que realizaba experimentos crueles para estudiar las reacciones infantiles al miedo. Estos traumas de la infancia han dejado una profunda cicatriz en la psique de Mark, y él se encuentra atrapado en un ciclo de asesinatos y obsesión con la muerte.

La película también presenta a Helen Stephens (interpretada por Anna Massey), una joven y solitaria que vive en el mismo edificio que Mark. Helen trabaja como bibliotecaria y se siente atraída por Mark, ignorando su lado oscuro al principio. A medida que la relación entre ellos se desarrolla, Helen comienza a sospechar de las actividades de Mark, lo que la lleva a una búsqueda obsesiva de la verdad sobre él.

A lo largo de la película, la tensión y el horror psicológico se intensifican a medida que Mark continúa filmando sus asesinatos y Helen se acerca peligrosamente a descubrir su oscuro secreto. La película se adentra en la mente perturbada de Mark y muestra cómo su obsesión con la muerte y la cámara se entrelazan en una espiral descendente.

El clímax de la película presenta un enfrentamiento impactante entre Mark y Helen, donde la obsesión, el miedo y la redención se entrelazan de manera dramática.

Conclusión

"El Fotógrafo del Pánico" es una película que desafió las convenciones de su tiempo y continúa siendo una obra maestra del cine de terror psicológico. Michael Powell, conocido por sus contribuciones al cine británico, creó una película que explora temas profundos y perturbadores relacionados con la obsesión y la naturaleza del arte.

La película es una meditación oscura sobre cómo las experiencias traumáticas de la infancia pueden moldear la psique de una persona y llevarla a cometer actos atroces. La figura de Mark Lewis se convierte en un reflejo sombrío de cómo el abuso y la obsesión pueden transformar a alguien en un monstruo.

Carl Boehm ofrece una actuación impresionante como Mark, retratando la dualidad de su personaje de manera convincente. Boehm logra transmitir la frialdad y la angustia interior de Mark de manera magistral.

La película también cuestiona la moralidad y los límites del arte, ya que Mark utiliza su cámara como una extensión de su obsesión, capturando la muerte de sus víctimas como una forma retorcida de expresión artística. Esto plantea preguntas incómodas sobre la relación entre el arte y lo macabro.

"El Fotógrafo del Pánico" es una película inquietante que se adentra en las profundidades de la psicología humana y los oscuros rincones de la obsesión. Es un recordatorio de que, a veces, los horrores más aterradores no provienen de monstruos sobrenaturales, sino de la propia mente humana. La película sigue siendo una obra influyente que ha dejado una marca indeleble en el género del cine de terror y el cine en general.

64. CRUDO (2016)

Introducción

"Crudo" (título original "Grave") es una película francesa dirigida por Julia Ducournau y lanzada en 2016. La película es una obra audaz y visceral que se adentra en los oscuros rincones de la psicología humana y los instintos primarios. A través de esta sinopsis, exploraremos los elementos clave de "Crudo" que la han convertido en una película provocadora y única.

Sinopsis

La trama de "Crudo" se desarrolla en torno a Justine (interpretada por Garance Marillier), una joven brillante que ingresa a la facultad de veterinaria de una prestigiosa universidad. Justine proviene de una familia de vegetarianos estrictos y veganos, y su educación está impregnada de una ética vegetariana fuertemente arraigada. Sin embargo, a medida que comienza su vida en la universidad, Justine se ve enfrentada a una serie de desafíos que pondrán a prueba sus creencias y su identidad.

La película comienza con el rito de iniciación de Justine, que incluye comer carne cruda por primera vez. A pesar de su resistencia inicial, Justine cede a la presión de su compañera de cuarto, Alexia (interpretada por Ella Rumpf), y come carne cruda. Esto desencadena una reacción violenta en su cuerpo, marcando el inicio de una transformación perturbadora.

A medida que avanza la trama, Justine experimenta una serie de cambios físicos y emocionales. Desarrolla un insaciable apetito por la carne cruda, lo que la lleva a cometer actos cada vez más extremos para satisfacer su hambre carnívora. La película explora cómo Justine lucha por mantener su humanidad mientras se adentra en un mundo oscuro y sanguinario.

El conflicto principal de la película se centra en la lucha interna de Justine entre su naturaleza carnívora recién descubierta y sus valores y creencias vegetarianas. Esta lucha se manifiesta en una serie de escenas intensas y gráficas que exploran la relación de Justine con la carne, la violencia y la sexualidad.

A medida que Justine se adentra en la obsesión por la carne cruda, su relación con su hermana mayor, Alexia, también se vuelve cada vez más complicada y tensa. La rivalidad y la envidia entre las hermanas se intensifican a medida que ambas luchan por sobrevivir en un entorno cada vez más peligroso.

La película también presenta elementos de suspenso y horror, ya que Justine y Alexia se ven envueltas en una serie de eventos perturbadores y siniestros que tienen lugar en la universidad. Estos eventos, combinados con la creciente obsesión de Justine por la carne cruda, crean una atmósfera de tensión constante.

El clímax de la película presenta una confrontación impactante entre Justine y Alexia, que culmina en un acto de violencia extrema que cambia para siempre la dinámica entre las hermanas y revela la verdadera naturaleza de la transformación de Justine.

Conclusión

"Crudo" es una película audaz y provocadora que explora temas de identidad, sexualidad y obsesión a través de una lente visceral y gráfica. Julia Ducournau, la directora, ofrece una visión cruda y sorprendentemente original de la transformación de una joven en una criatura carnívora.

Garance Marillier ofrece una actuación sobresaliente como Justine, transmitiendo con maestría la complejidad de su personaje y su lucha interna. La película es visualmente impactante, con una paleta de colores fríos y una cinematografía que resalta la crudeza de la carne y la sangre.

"Crudo" desafía las convenciones del género de terror y ofrece una narrativa que es tanto perturbadora como conmovedora. La película no se contenta con ser una historia de horror convencional, sino que se sumerge en la psicología de sus personajes y cuestiona las normas sociales y morales.

La película ha sido elogiada por su valentía al abordar temas controvertidos y su capacidad para provocar una fuerte respuesta emocional en la audiencia. Es una película que se queda contigo mucho después de haberla visto, invitándote a reflexionar sobre la naturaleza humana y los límites de la identidad.

En última instancia, "Crudo" es una película que desafía las expectativas y deja una impresión duradera. Es un testimonio del poder del cine para explorar los aspectos más oscuros de la psicología humana y cuestionar las normas establecidas.

65. 13 FANTASMAS (2001)

Introducción

"13 Fantasmas" es una película de terror sobrenatural dirigida por Steve Beck y lanzada en el año 2001. La película es un remake del clásico de William Castle de 1960 y presenta una trama llena de terror, intriga y un elenco diverso de personajes atrapados en una mansión embrujada. A través de esta sinopsis, exploraremos los aspectos clave de la película y su capacidad para mantener a los espectadores en vilo.

Sinopsis

La película comienza con un prólogo en el que Cyrus Kriticos (interpretado por F. Murray Abraham), un cazador de fantasmas y experto en lo paranormal, junto con su equipo, se prepara para atrapar a un espíritu maligno conocido como "El Juggernaut". Desafortunadamente, la operación sale mal, y Cyrus muere en el proceso, dejando a su sobrino Arthur Kriticos (interpretado por Tony Shalhoub) y su familia en una situación económica precaria.

Arthur, un viudo que lucha por mantener a sus dos hijos, Kathy (interpretada por Shannon Elizabeth) y Bobby (interpretado por Alec Roberts), recibe una notificación de que ha heredado una mansión inusual de su tío. La familia Kriticos, en busca de una nueva vida y sin conocer los oscuros secretos de la mansión, decide mudarse a su nuevo hogar.

La mansión resulta ser una maravilla arquitectónica, pero hay una peculiaridad: está construida completamente en vidrio y metal, lo que la hace transparente en su mayoría. Rápidamente, la familia se da cuenta de que la casa no es lo que parece cuando extrañas y aterradoras visiones comienzan a manifestarse. El abogado de la familia, Benjamin Moss (interpretado por JR Bourne), explica que la mansión es una máquina diseñada para atrapar y contener 12 espíritus violentos y malévolos. Estos fantasmas están encerrados en diferentes áreas de la casa y son representados por un espectro colectivo conocido como "La Maquina Basileus de Ocularis Infernum."

Arthur recibe un conjunto especial de gafas que le permiten ver a los fantasmas, ya que son invisibles para el ojo humano sin ayuda. La familia Kriticos también está acompañada por Dennis Rafkin (interpretado por Matthew Lillard), un cazador de fantasmas que había trabajado previamente con Cyrus Kriticos. Dennis proporciona información crucial sobre los fantasmas y cómo evitar ser atrapados por ellos.

A medida que la familia explora la mansión, se encuentran con los 12 fantasmas, cada uno con una historia trágica y aterradora que los llevó a convertirse en espíritus vengativos. Entre los fantasmas se encuentra "El Prisionero Furioso", "La Dama de la Rueda", "El Primer Nacido", "El Piloto", y muchos otros. Cada uno de ellos representa una forma única de muerte y tormento.

La tensión aumenta a medida que los fantasmas comienzan a acechar y a atacar a la familia. Kathy es perseguida por "La Dama de la Rueda", mientras que Bobby es amenazado por "El Primer Nacido". Arthur y Dennis luchan por proteger a la familia y encontrar una salida de la mansión embrujada.

A lo largo de la película, se revelan detalles sobre la vida de Cyrus Kriticos y su conexión con la mansión. Se descubre que Cyrus tenía la intención de usar a su sobrino Arthur como carnada para atrapar a los 12 fantasmas y así obtener un inmenso poder sobrenatural. Esta traición agrega una capa adicional de horror a la trama.

A medida que la situación se vuelve cada vez más desesperada, la familia Kriticos se ve obligada a enfrentar su destino y encontrar una manera de liberarse de la prisión de vidrio antes de ser asesinados por los vengativos fantasmas. La lucha culmina en una batalla aterradora contra los espíritus, donde la familia debe trabajar en equipo y usar su ingenio para sobrevivir.

La película alcanza su clímax cuando se revela la verdadera naturaleza de "El Juggernaut", el espíritu que mató a Cyrus Kriticos en el prólogo. El enfrentamiento final es una lucha a vida o muerte en la que la familia lucha por su supervivencia y su libertad.

Conclusión

"13 Fantasmas" es una película de terror sobrenatural que ofrece un viaje aterrador a un mundo lleno de espíritus vengativos y secretos oscuros. La película combina elementos de horror clásico con efectos visuales modernos para crear una experiencia aterradora y emocionante. Además de los sustos y las escenas de acción, la película también ofrece una historia intrigante sobre traición y redención.

A lo largo de la película, los personajes evolucionan y enfrentan sus propios miedos y traumas mientras luchan por sobrevivir. "13 Fantasmas" es una película que mantiene a los espectadores al borde de sus asientos y les hace cuestionar la verdadera naturaleza del mal. A pesar de ser un remake, logra establecer su propio lugar en la tradición del cine de terror y es una adición memorable al género.

66. LA MOMIA (1932)

Introducción

"La Momia" es una película de terror clásica dirigida por Karl Freund y lanzada en 1932. Esta obra maestra del cine de la era dorada de Hollywood es conocida por su atmosfera inquietante, su narrativa cautivadora y la actuación icónica de Boris Karloff como el personaje principal, Imhotep. A través de esta sinopsis, exploraremos los elementos clave de "La Momia" que la han convertido en un clásico del género de terror.

Sinopsis

La historia de "La Momia" comienza en el Egipto de 1921, donde un grupo de arqueólogos británicos, dirigidos por Sir Joseph Whemple (interpretado por Arthur Byron) y su asistente Frank (interpretado por David Manners), descubre la tumba del antiguo sacerdote egipcio Imhotep (interpretado por Boris Karloff). También se encuentra presente en la expedición el profesor Dr. Muller (interpretado por Edward Van Sloan), quien advierte sobre la maldición que rodea a aquellos que perturban las tumbas sagradas.

Mientras exploran la tumba, los arqueólogos encuentran una inscripción que revela que Imhotep fue enterrado vivo como castigo por intentar resucitar a su amada, la princesa Anck-su-Namun (interpretada por Zita Johann). La inscripción advierte que perturbar su sueño eterno traerá consecuencias terribles.

Sin embargo, uno de los miembros del equipo, un joven llamado Ralph (interpretado por Bramwell Fletcher), desafía las advertencias y lee en voz alta un antiguo hechizo que debería traer de vuelta a la vida a Imhotep. En ese momento, el viento comienza a soplar, y una figura oscura emerge de las sombras.

La historia salta a diez años después en 1932, en el Museo Británico de Londres, donde Imhotep, bajo el alias de Ardath Bey, trabaja como arqueólogo y egiptólogo. A través de sus investigaciones, busca encontrar la tumba de Anck-su-Namun, quien ha reencarnado en una joven llamada Helen Grosvenor (también interpretada por Zita Johann). Imhotep cree que puede traer de vuelta a su amada al resucitar su alma en el cuerpo de Helen.

A medida que Imhotep se acerca a Helen, su presencia y sus intenciones comienzan a inquietar a Sir Joseph y Frank, quienes se encuentran en Londres. Dr. Muller también llega a la ciudad y se da cuenta de la conexión entre la antigua leyenda de Imhotep y los eventos actuales. Él sabe que deben detener a Imhotep antes de que Helen sufra el mismo destino que Anck-su-Namun.

La trama se desarrolla con un aire de misterio y tensión, ya que Imhotep se enfrenta a obstáculos y desafíos en su búsqueda por reunirse con su amada. La película explora temas de amor eterno, la búsqueda de la inmortalidad y las consecuencias de perturbar lo antiguo y lo sagrado.

A medida que se acerca el clímax, Imhotep se encuentra con Helen y trata de llevar a cabo el antiguo ritual de resurrección. La película alcanza su punto culminante en una secuencia impresionante cuando Dr. Muller y los demás protagonistas confrontan a Imhotep en una carrera contra el tiempo para salvar a Helen y evitar que el antiguo sacerdote cumpla su oscuro propósito.

Conclusión

"La Momia" es una película que ha perdurado en el tiempo como uno de los clásicos indiscutibles del cine de terror. La dirección de Karl Freund crea una atmosfera inquietante y misteriosa que envuelve a la audiencia en la historia. La actuación de Boris Karloff como Imhotep es icónica y conmovedora, ya que interpreta al personaje con una mezcla de terror y melancolía.

La película aborda temas profundos, como la obsesión, el amor eterno y la búsqueda de la inmortalidad, y lo hace con una narrativa que se desarrolla de manera cautivadora. La idea de un antiguo sacerdote egipcio que regresa de la muerte en busca de su amor perdido es intrigante y perturbadora.

"La Momia" también es conocida por su capacidad para crear una atmósfera de suspenso y misterio, y por su influencia duradera en el cine de terror. La película se ha convertido en un referente para las futuras películas de momias y ha inspirado numerosas adaptaciones y remakes.

En última instancia, "La Momia" es una obra maestra que combina el terror, la aventura y el romance en una película que sigue siendo emocionante y efectiva incluso décadas después de su lanzamiento. Es un testimonio del poder del cine clásico y su capacidad para cautivar y asombrar a las audiencias a lo largo del tiempo.

67. AMENAZA EN LA SOMBRA (1973)

Introducción

"Amenaza en la Sombra" (Don't Look Now) es una película británica dirigida por Nicolas Roeg y lanzada en 1973. Basada en una historia de Daphne du Maurier, esta obra maestra del cine de suspense y misterio es conocida por su atmósfera inquietante, su narrativa compleja y la actuación magistral de Donald Sutherland y Julie Christie como los protagonistas principales, John y Laura Baxter. A través de esta sinopsis, exploraremos los elementos clave de "Amenaza en la Sombra" que la han convertido en un clásico del género.

Sinopsis

La película comienza con una escena conmovedora en la que John Baxter (interpretado por Donald Sutherland) y su esposa Laura (interpretada por Julie Christie) están en su casa en el campo, ocupados con sus hijos gemelos, Johnny y Christine. La felicidad de la familia se ve empañada por la tragedia cuando Christine se ahoga accidentalmente en un estanque cerca de su casa mientras John está ocupado reparando el techo.

La muerte de Christine afecta profundamente a John y Laura, y la película captura de manera impresionante su duelo y su dificultad para sobrellevar la pérdida de su hija. La pareja decide mudarse a Venecia, donde John ha aceptado un trabajo para restaurar una antigua iglesia.

A medida que la historia se desarrolla en la pintoresca Venecia, una serie de eventos extraños y perturbadores comienzan a suceder. John tiene una serie de visiones inquietantes y experiencias inexplicables mientras trabaja en la iglesia, lo que lo lleva a cuestionar su propia cordura. Estas visiones incluyen la aparición de una niña con un impermeable rojo, que le recuerda inquietantemente a su hija fallecida.

Laura, por otro lado, se hace amiga de dos hermanas, Wendy y Heather, que afirman tener poderes psíquicos y la convencen de que pueden comunicarse con Christine desde el más allá. Aunque John es escéptico, Laura se siente reconfortada por la idea de que su hija sigue existiendo en algún plano espiritual.

La película está llena de simbolismo y metáforas, y la ciudad de Venecia se convierte en un personaje en sí misma. Sus calles laberínticas, canales oscuros y arquitectura decadente proporcionan el telón de fondo perfecto para el suspense y la intriga que se desarrollan. La ciudad se presenta de manera ominosa y misteriosa, contribuyendo a la creciente sensación de paranoia y confusión.

A medida que John y Laura se ven arrastrados más profundamente en una red de misterio y peligro, la película explora temas de duelo, percepción, premoniciones y destino. La línea entre la realidad y la fantasía se desdibuja, y los personajes y la audiencia se ven inmersos en un mundo de inquietante incertidumbre.

La narrativa de "Amenaza en la Sombra" es intrincada y hábilmente construida. Las visiones de John y las experiencias de Laura se entrelazan de manera magistral, creando una sensación de inevitabilidad y suspense. La película desafía a los espectadores a descifrar los enigmas y adivinar el desenlace mientras se adentran en un torbellino de pistas y suposiciones.

El clímax de la película tiene lugar en una iglesia en ruinas, donde las piezas del rompecabezas finalmente se ensamblan. La verdad sobre las visiones de John, las afirmaciones de las hermanas y el destino de la familia Baxter se revela en un momento impactante y emocional que cambia la percepción de todo lo que ha sucedido.

Conclusión

"Amenaza en la Sombra" es una obra maestra del cine de suspense y misterio que ha dejado una huella indeleble en la historia del cine. La dirección de Nicolas Roeg es magistral, creando una atmósfera inquietante y una narrativa compleja que desafía a los espectadores a pensar y reflexionar.

Las actuaciones de Donald Sutherland y Julie Christie son extraordinarias, y transmiten de manera conmovedora el dolor y la confusión de los personajes mientras se enfrentan a lo inexplicable y lo desconocido. La película está llena de simbolismo y metáforas, lo que la convierte en una experiencia cinematográfica enriquecedora y evocadora.

Venecia se convierte en un escenario memorable que contribuye significativamente a la atmósfera única de la película. Sus callejones sombríos y canales misteriosos son el telón de fondo perfecto para la trama y los personajes.

En última instancia, "Amenaza en la Sombra" es una película que desafía las convenciones del género de terror y suspenso, ofreciendo una experiencia cinematográfica rica en significado y emoción. Su capacidad para mantener a los espectadores en vilo y su inquietante exploración de temas profundos la convierten en una película que sigue siendo relevante y fascinante décadas después de su lanzamiento.

68. REPULSIÓN (1965)

Introducción

"Repulsión" es una película de terror y psicológica dirigida por el renombrado cineasta Roman Polanski y lanzada en 1965. Esta obra maestra del cine es conocida por su enfoque perturbador de la psicología humana y la actuación sobresaliente de Catherine Deneuve como Carol Ledoux, una joven que experimenta una creciente desconexión con la realidad. A través de esta sinopsis, exploraremos los elementos clave de "Repulsión" que la han convertido en un hito del cine de terror y una obra maestra del cine psicológico.

Sinopsis

La película comienza en un apartamento en Londres, donde Carol Ledoux, una joven introvertida y tímida, vive con su hermana mayor, Helen (interpretada por Yvonne Furneaux). Carol trabaja en un salón de belleza y muestra signos evidentes de ansiedad social y trastornos mentales desde el principio de la película.

La trama de "Repulsión" se centra en la agudización de la psicosis de Carol, que es desencadenada por la partida de su hermana para pasar unas vacaciones en Italia con su amante. Con la soledad y la ansiedad de Carol aumentando en su ausencia, la película explora el colapso gradual de su cordura.

Uno de los elementos más impactantes de la película es su enfoque en la perspectiva de Carol. La cámara de Polanski sigue de cerca a la protagonista, mostrando el mundo a través de sus ojos perturbados. Esto permite al espectador experimentar directamente su creciente paranoia y terror.

Con su hermana fuera de la ciudad, Carol se siente cada vez más aislada y comienza a perder el contacto con la realidad. Los sonidos y objetos cotidianos se vuelven amenazantes y perturbadores. Su apartamento, que antes era un lugar de refugio, se convierte en una prisión claustrofóbica.

A medida que su psicosis se profundiza, Carol comienza a experimentar alucinaciones y delirios. Se obsesiona con la idea de que alguien o algo la acecha en su apartamento, incluso cuando está sola. Las imágenes grotescas y perturbadoras de sus visiones se entrelazan con su entorno cotidiano, creando una atmósfera de horror psicológico.

La película también explora la sexualidad reprimida de Carol. A través de sus alucinaciones y delirios, se revelan sus miedos y deseos sexuales. Esto se manifiesta en una secuencia particularmente impactante en la que una grieta en la pared se convierte en un símbolo fálico y causa repulsión y terror en Carol.

La tensión aumenta cuando Colin (interpretado por John Fraser), un hombre con el que Carol ha tenido una cita anteriormente, intenta seducirla. La interacción entre ambos es incómoda y perturbadora, ya que Carol lucha con sus deseos y sus temores. La escena culmina en un acto de violencia, y la película se sumerge aún más en la psicosis de Carol.

A medida que la película se acerca a su conclusión, el apartamento de Carol se convierte en un espacio de pesadilla. Su delirio alcanza su punto máximo cuando se convence de que ha asesinado a alguien, y su comportamiento se vuelve cada vez más errático y peligroso.

Conclusión

"Repulsión" es una obra maestra del cine psicológico y de terror que explora las profundidades de la mente humana perturbada. La dirección de Roman Polanski es magistral, y su enfoque en la perspectiva de Carol crea una inmersión única en su psicosis. La actuación de Catherine Deneuve es excepcional y conmovedora, ya que transmite la vulnerabilidad y el terror de su personaje de manera impresionante.

La película es una exploración perturbadora de la soledad, la ansiedad y la pérdida de la cordura. El entorno cotidiano de Carol se convierte en un lugar de pesadilla, y el espectador es testigo de su deterioro mental a medida que se desencadena una serie de eventos perturbadores.

"Repulsión" es una película que desafía las convenciones del género de terror al optar por una narrativa psicológica en lugar de depender de sustos o elementos sobrenaturales. Su enfoque en la mente humana y la disolución de la realidad la convierten en una obra maestra que sigue siendo influyente y conmovedora décadas después de su lanzamiento.

En última instancia, "Repulsión" es una experiencia cinematográfica intensa y profundamente inquietante que ha dejado una marca indeleble en la historia del cine. Es una película que invita a la reflexión y que sigue siendo una obra maestra del cine de terror y psicológico.

69. LA CABAÑA EN EL BOSQUE (2012)

Introducción

"La Cabaña en el Bosque" es una película de terror y comedia dirigida por Drew Goddard y escrita por Goddard y Joss Whedon. Lanzada en 2012, esta película es conocida por su enfoque innovador y subversivo del género de terror. A través de esta sinopsis, exploraremos los elementos clave de "La Cabaña en el Bosque" que la han convertido en una película única y destacada en el mundo del cine de terror.

Sinopsis

La película comienza con dos hombres, Sitterson (interpretado por Richard Jenkins) y Hadley (interpretado por Bradley Whitford), en una conversación aparentemente mundana mientras se preparan para un día de trabajo en una instalación subterránea secreta. A medida que los espectadores aprenden más sobre su conversación y la naturaleza de su trabajo, se revela que están involucrados en un elaborado y oscuro experimento.

La trama cambia de enfoque para presentar a un grupo de cinco amigos que planean pasar un fin de semana en una cabaña aislada en medio del bosque. Los amigos incluyen a Dana (interpretada por Kristen Connolly), Curt (interpretado por Chris Hemsworth), Jules (interpretada por Anna Hutchison), Marty (interpretado por Fran

Kranz) y Holden (interpretado por Jesse Williams). Su objetivo es desconectar de la rutina y disfrutar de unos días de descanso.

A medida que se dirigen a la cabaña, el espectador se da cuenta de que están siendo observados y manipulados por Sitterson y Hadley desde la instalación subterránea. El grupo llega a la cabaña y, como es típico en las películas de terror, comienza a actuar de manera cliché: beben, se divierten y exploran la cabaña.

Sin embargo, pronto descubren un sótano lleno de objetos extraños y una caja de música antigua que, cuando se activa, libera una especie de gas que afecta su juicio y comportamiento. Mientras tanto, Sitterson y Hadley observan y manipulan las acciones del grupo desde la instalación, controlando la situación de manera sistemática.

El grupo también se aventura al bosque y descubre una cabaña destartalada que es aún más espeluznante que la suya. Mientras exploran el sótano de la cabaña, encuentran una serie de artefactos inquietantes, incluyendo un diario que describe rituales siniestros y una bóveda sellada que contiene una serie de horrores.

A medida que la noche avanza, los amigos comienzan a ser atacados por una variedad de criaturas terroríficas, incluyendo zombis, fantasmas y una monstruosa familia de mutantes. Sus intentos de escape y supervivencia desencadenan una serie de eventos cada vez más intensos y surrealistas.

Conforme la trama avanza, se revela que Sitterson y Hadley están orquestando todo, utilizando la cabaña y los eventos que se desarrollan como parte de un elaborado ritual. Este ritual es un sacrificio humano que involucra a los amigos y que tiene como objetivo apaciguar a entidades antiguas y siniestras que amenazan con destruir el mundo si no se les ofrece sangre y sufrimiento.

La película llega a su clímax en la instalación subterránea, donde los amigos luchan por su vida mientras Sitterson y Hadley intentan completar el ritual. El resultado es un enfrentamiento explosivo y sangriento que desafía las convenciones del género de terror.

Conclusión

"La Cabaña en el Bosque" es una película de terror que desafía las expectativas y subvierte los clichés del género. La dirección de Drew Goddard y el guión de Goddard y Joss Whedon son ingeniosos y audaces, y la película es un comentario inteligente sobre las convenciones del cine de terror y la forma en que la audiencia se relaciona con él.

La película se burla de los tropos habituales de las películas de terror, desde los personajes estereotipados hasta las situaciones típicas, y ofrece una explicación ingeniosa para muchas de las convenciones que hemos llegado a dar por sentadas en el género.

Además, "La Cabaña en el Bosque" es una película que recompensa a los fanáticos del género de terror con una gran cantidad de referencias y cameos de criaturas icónicas de películas de terror anteriores.

La película también juega con temas más profundos, como el concepto de la audiencia como voyeur y la idea de que el terror es una forma de liberación de las tensiones cotidianas. Esto se refleja en la instalación subterránea, donde los personajes de Sitterson y Hadley son una especie de versión retorcida de la audiencia que manipula y disfruta del sufrimiento de los protagonistas.

En última instancia, "La Cabaña en el Bosque" es una película que desafía las expectativas y ofrece una experiencia cinematográfica única y reflexiva. Es una película de terror que te hace reír, pensar y reflexionar sobre la naturaleza misma del género de terror. Una obra maestra del cine de terror moderno, "La Cabaña en el Bosque" es una película que sigue siendo relevante y fascinante para los amantes del género.

70. LA MOSCA (1986)

Introducción

"La Mosca" es una película de ciencia ficción y terror dirigida por el renombrado director David Cronenberg y lanzada en 1986. Esta película es un remake de la película homónima de 1958 y se ha convertido en un clásico del cine de terror debido a su enfoque en la transformación corporal y sus temas sobre la ética científica. A través de esta sinopsis, exploraremos los elementos clave de "La Mosca" que la han convertido en una película memorable en la historia del cine de terror y ciencia ficción.

Sinopsis

La película comienza con Seth Brundle (interpretado por Jeff Goldblum), un científico brillante pero socialmente torpe, que ha desarrollado una máquina de teletransportación en su laboratorio. A pesar de los problemas técnicos iniciales, Brundle finalmente logra teletransportar objetos con éxito. Sin embargo, su deseo de llevar su invención al siguiente nivel lo lleva a un descubrimiento peligroso.

En una recepción científica, Brundle conoce a una periodista llamada Veronica Quaife (interpretada por Geena Davis), quien está interesada en su trabajo. Brundle, que es un tanto solitario, le muestra su laboratorio secreto y la convence de que documente su proyecto en un esfuerzo por obtener publicidad y financiamiento.

A medida que su relación con Veronica se profundiza, Brundle decide probar la máquina de teletransportación él mismo. Sin embargo, un error humano pasa desapercibido cuando una mosca común se introduce en la cabina junto con él durante el proceso. Esto da lugar a una fusión molecular entre Brundle y la mosca, aunque él no se da cuenta de esto inicialmente.

Las primeras señales de que algo está mal con Brundle se hacen evidentes cuando comienza a experimentar un aumento de la fuerza y la agilidad, así como una mayor resistencia física. En su laboratorio, lleva a cabo una serie de pruebas y se da cuenta de que su cuerpo está cambiando rápidamente.

En su afán de comprender lo que le sucede, Brundle documenta su transformación utilizando una grabadora de video. Las imágenes que captura son cada vez más horripilantes, ya que su cuerpo se vuelve más insectoide con el tiempo. Su piel se desprende, revelando carne en descomposición y partes de insecto en desarrollo.

La relación entre Brundle y Veronica se ve gravemente afectada por la transformación. A medida que su cuerpo se deteriora, también lo hace su mente. Brundle se vuelve cada vez más obsesivo y paranoico, convencido de que la gente lo está traicionando y que necesita proteger su "nueva especie". Su comportamiento se vuelve violento y errático, y sufre una pérdida gradual de humanidad.

La película llega a su punto culminante cuando Brundle, ya irreconocible como ser humano, intenta fusionar a Veronica con él en la máquina de teletransportación en un intento desesperado de crear una nueva forma de vida que comparta su transformación. Veronica lucha por sobrevivir y detener la fusión mientras el laboratorio se convierte en un escenario de pesadilla.

Conclusión

"La Mosca" es una película que explora la transformación física y psicológica de su protagonista de una manera aterradora y perturbadora. David Cronenberg, conocido por su enfoque en el cuerpo y la mutación en el cine, ofrece una experiencia cinematográfica inolvidable.

La actuación de Jeff Goldblum es fenomenal, ya que logra transmitir la angustia y la desesperación de su personaje mientras se enfrenta a una transformación inhumana. Geena Davis también brilla como Veronica, quien pasa de ser una observadora aterrada a una luchadora desesperada por sobrevivir.

La película es un ejercicio en la exploración de la identidad y la pérdida de la humanidad. Brundle, una vez un científico brillante y algo aislado, se convierte en una criatura monstruosa obsesionada con la fusión y la creación de una nueva especie. Su deseo de trascender los límites de la ciencia lo lleva a una tragedia personal y una pesadilla física.

"La Mosca" también aborda cuestiones éticas relacionadas con la ciencia y la experimentación. La ambición de Brundle y su disposición a cruzar límites morales tienen consecuencias devastadoras. La película plantea preguntas sobre el control de la ciencia y los riesgos que conlleva la búsqueda del conocimiento sin restricciones.

En última instancia, "La Mosca" es una película que perdura en el tiempo debido a su representación inquietante de la transformación y la pérdida de humanidad. Es una obra maestra del cine de terror y ciencia ficción que sigue siendo una referencia en el género. La película ofrece una experiencia cinematográfica emocionalmente impactante y visualmente impresionante que sigue siendo relevante y aterradora décadas después de su lanzamiento.

71. MARTYRS (2008)

Introducción

"Martyrs" es una película de terror francesa dirigida por Pascal Laugier y lanzada en 2008. Esta película es conocida por su brutalidad y su exploración de temas oscuros y perturbadores. A través de esta sinopsis, exploraremos los elementos clave de "Martyrs" que la han convertido en una película infame en el género del horror y que ha dejado una marca indeleble en la mente de los espectadores.

Sinopsis

La película comienza con una joven llamada Lucie (interpretada por Mylène Jampanoï) escapando de una instalación abandonada donde ha sido brutalmente torturada durante años. Lucie es encontrada y llevada a un orfanato, donde conoce a Anna (interpretada por Morjana Alaoui), otra niña que la ayuda a recuperarse de sus traumas.

Años más tarde, Lucie, todavía afectada por las secuelas de su experiencia traumática, comienza a buscar venganza contra aquellos que la torturaron en el pasado. Ella cree que un grupo de personas está detrás de sus tormentos y está decidida a hacerles pagar. Anna, preocupada por la salud mental de su amiga, la sigue en su búsqueda.

La búsqueda de Lucie la lleva a una casa suburbana, donde cree que se encuentra uno de sus torturadores. Sin embargo, cuando llega a la casa, descubre que la familia que vive allí no tiene relación con sus secuestradores anteriores. En un momento de desesperación y confusión, Lucie comete un acto atroz al asesinar brutalmente a la madre y al padre de la familia, dejando a los hijos traumatizados y a Anna horrorizada.

A partir de este momento, la película da un giro siniestro. Lucie comienza a experimentar visiones de una figura emaciada y desfigurada que parece atormentarla. Mientras tanto, Anna se esfuerza por ayudar a su amiga y descubrir la verdad detrás de los horrores que han estado persiguiendo a Lucie.

La película continúa explorando la relación entre Lucie y Anna mientras descubren una instalación secreta bajo la casa, donde una organización enigmática lleva a cabo experimentos brutales en busca de respuestas sobre la vida después de la muerte. Aquí es donde "Martyrs" se adentra en territorio extremadamente oscuro y perturbador.

Las escenas que siguen son insoportablemente violentas y gráficas, con Anna siendo sometida a torturas físicas y psicológicas extremas. A medida que la película avanza, se revela que la organización está obsesionada con encontrar a un "mártir", alguien que haya experimentado tanto sufrimiento que pueda proporcionar información sobre lo que hay después de la muerte.

La relación entre Lucie y Anna se convierte en el núcleo emocional de la película, ya que Anna hace todo lo posible para proteger y cuidar de su amiga a pesar de las circunstancias aterradoras en las que se encuentran. El espectador es testigo de la brutalidad de los actos que se cometen en la búsqueda de respuestas y la devastación que causa en ambos personajes.

La película llega a su conclusión con una revelación impactante sobre la verdadera naturaleza de la organización y sus experimentos. Anna finalmente se convierte en el "mártir" que están buscando, lo que la somete a un sufrimiento inimaginable.

Conclusión

"Martyrs" es una película de terror extrema que desafía los límites del género y la tolerancia del espectador. Pascal Laugier ha creado una obra que es impactante y profundamente perturbadora en su exploración de temas como el sufrimiento, la obsesión y la búsqueda de respuestas sobre la vida después de la muerte.

La película es conocida por su violencia gráfica y su capacidad para impactar y perturbar a la audiencia. Aborda preguntas filosóficas sobre el dolor y el sufrimiento, así como la moralidad de la búsqueda obsesiva de conocimiento. Laugier no escatima en la representación visual del horror, lo que ha llevado a debates sobre su pertinencia y ética en el cine.

La relación entre Lucie y Anna es el corazón de la película, y Morjana Alaoui y Mylène Jampanoï ofrecen actuaciones notables que transmiten la profunda amistad y lealtad entre los personajes. La película es una exploración intensa de la relación humana bajo circunstancias extremas y ofrece una visión desgarradora del sufrimiento humano.

En última instancia, "Martyrs" es una película que no es para todos debido a su violencia gráfica y su naturaleza perturbadora. Sin embargo, es una película que ha dejado una impresión duradera en el género del terror y ha sido elogiada por su valentía al explorar temas oscuros y extremos. Es una película que desafía al espectador y provoca una reflexión profunda sobre el sufrimiento humano y la obsesión con lo desconocido.

72. THE DESCENT (2005)

Introducción

"The Descent" es una película de terror y supervivencia dirigida por Neil Marshall y lanzada en 2005. Esta película se ha convertido en un referente del género gracias a su atmósfera claustrofóbica, su narrativa tensa y su enfoque en un grupo de mujeres fuertes enfrentando horrores subterráneos. A través de esta sinopsis, exploraremos los elementos clave de "The Descent" que la han convertido en una película de culto en el cine de terror contemporáneo.

Sinopsis

La película comienza con una escena traumática en la que Sarah (interpretada por Shauna Macdonald) sufre un accidente automovilístico en el que su esposo y su hija mueren. La película salta un año después, mostrando a Sarah tratando de superar la pérdida y sus traumas emocionales.

Para ayudar a Sarah a recuperarse, su amiga Juno (interpretada por Natalie Mendoza) organiza una expedición de espeleología en las Montañas Apalaches de Carolina del Norte, en los Estados Unidos. Junto a ellas se unen otras amigas: Beth (interpretada por Alex Reid), Sam (interpretada por MyAnna Buring), Rebecca (interpretada por Saskia Mulder) y las hermanas Norah (interpretada por Nora-Jane Noone) y Holly (interpretada por Nora-Jane Noone).

La expedición comienza con la exploración de una cueva conocida como la "Cueva de las Almas Perdidas". A medida que descienden más profundamente en la cueva, la atmósfera se vuelve cada vez más claustrofóbica y tensa. Sin embargo, el grupo está emocionado por la perspectiva de explorar un lugar inexplorado y misterioso.

Pronto, descubren que no están solas en las profundidades de la cueva. Se topan con extrañas marcas en las paredes y encuentran equipo de expediciones anteriores, lo que los lleva a creer que no son los primeros en estar allí. La tensión aumenta cuando una serie de eventos aterradores y encuentros con criaturas subterráneas desconocidas los ponen en peligro.

La película se adentra en el horror cuando el grupo se da cuenta de que está atrapado en las profundidades de la cueva, sin una salida aparente. Además, la falta de comunicación con el mundo exterior significa que nadie sabe dónde están y no hay esperanza de rescate inmediato.

A medida que la situación se vuelve más desesperada, las tensiones aumentan entre las amigas. Sarah, que aún lucha con la pérdida de su familia, comienza a experimentar alucinaciones y pesadillas, lo que la hace menos confiable para el grupo. Juno, por otro lado, guarda un oscuro secreto relacionado con la expedición que amenaza con destruir su relación con las demás.

El grupo enfrenta no solo a las criaturas subterráneas que acechan en la oscuridad, sino también sus propios demonios internos y conflictos interpersonales. A medida que luchan por sobrevivir y buscar una salida, los horrores subterráneos y la paranoia amenazan con consumirlos.

La película llega a su conclusión con una revelación impactante sobre la verdadera naturaleza de las criaturas y el destino de los personajes. La resolución del viaje subterráneo plantea preguntas sobre la supervivencia y el instinto humano, así como sobre la fortaleza y la capacidad de adaptación de las mujeres.

Conclusión

"The Descent" es una película de terror que se destaca por su atmósfera claustrofóbica, su narrativa tensa y su enfoque en un grupo de mujeres fuertes enfrentando horrores subterráneos. Neil Marshall dirige magistralmente la película, aprovechando el entorno subterráneo para crear una sensación de opresión y desesperación que es palpable en cada escena.

El elenco, liderado por Shauna Macdonald como Sarah y Natalie Mendoza como Juno, ofrece actuaciones convincentes que transmiten la intensidad de la situación. Las actrices logran crear personajes complejos que luchan no solo contra las criaturas subterráneas, sino también contra sus propios miedos y conflictos.

"The Descent" es una película que juega con los miedos primarios de la humanidad: la oscuridad, la claustrofobia y el aislamiento. Las criaturas subterráneas, diseñadas de manera impactante, añaden una capa adicional de terror a la película, pero son solo un elemento de los muchos horrores a los que se enfrentan las protagonistas.

La película también examina la fortaleza y la tenacidad de las mujeres en situaciones extremas, desafiando los estereotipos de género y mostrando personajes femeninos fuertes y resilientes.

En última instancia, "The Descent" es una película de terror que ha dejado una impresión duradera en el género. Su habilidad para crear una atmósfera inmersiva y aterradora, junto con su enfoque en la supervivencia y la camaradería femenina, la ha convertido en una obra influyente en el mundo del cine de terror contemporáneo.

73. SAW (2004)

Introducción

"Saw" es una película de terror y suspense dirigida por James Wan y lanzada en 2004. Esta película se ha convertido en un clásico del género debido a su ingeniosa trama, su enfoque retorcido en la moralidad y sus impactantes escenas de horror. A través de esta sinopsis, exploraremos los elementos clave de "Saw" que la han convertido en una película influyente en el cine de terror contemporáneo.

Sinopsis

La película comienza en una oscura habitación de baño, donde dos hombres, el Dr. Lawrence Gordon (interpretado por Cary Elwes) y Adam (interpretado por Leigh Whannell), se despiertan encadenados a tuberías y con un cadáver en el centro del piso. Ambos están desconcertados y aterrorizados, sin recordar cómo llegaron allí.

A medida que exploran su entorno, encuentran un par de grabadoras y una serie de pistas macabras que los llevan a descubrir que están siendo sometidos a un juego mortal por un asesino en serie conocido como "Jigsaw". Jigsaw es un individuo que busca castigar a las personas que él considera que no valoran sus vidas, sometiéndolas a situaciones extremas para que aprecien más la vida.

El Dr. Gordon y Adam pronto se dan cuenta de que deben seguir las pistas y resolver enigmas para encontrar una manera de liberarse antes de que el tiempo se agote. El espectador se introduce en un juego de supervivencia psicológico lleno de tensiones y giros sorprendentes.

La película se entrelaza con flashbacks que revelan la historia de Jigsaw, cuyo nombre real es John Kramer (interpretado por Tobin Bell). John es un ingeniero de sonido que, después de ser diagnosticado con cáncer terminal, decide dedicar su vida a enseñar a los demás el valor de la vida. Utiliza su ingenio y conocimientos técnicos para crear los elaborados juegos que plantea a sus víctimas.

Mientras tanto, en el exterior, dos detectives, el Detective David Tapp (interpretado por Danny Glover) y el Detective Steven Sing (interpretado por Ken Leung), están obsesionados con la búsqueda de Jigsaw, cuya serie de asesinatos ha aterrorizado a la ciudad. Tapp en particular está decidido a atrapar al asesino y se sumerge en una investigación obsesiva.

El juego mortal de Lawrence y Adam se desarrolla lentamente mientras descubren más pistas y secretos sobre su secuestrador y el motivo detrás de su cautiverio. A medida que el tiempo avanza implacablemente, el pánico y la desesperación aumentan, y la moralidad de los personajes se pone a prueba.

Las revelaciones sobre las verdaderas identidades de los personajes y sus conexiones con Jigsaw añaden capas de complejidad a la trama. Los espectadores son llevados a cuestionar quiénes son las verdaderas víctimas y quiénes son los perpetradores en esta historia retorcida.

La película llega a un clímax aterrador cuando se revela el destino de los personajes principales y las consecuencias de sus acciones. La resolución del juego de Jigsaw plantea preguntas profundas sobre la moralidad, el libre albedrío y el valor de la vida.

Conclusión

"Saw" es una película de terror que se destaca por su ingeniosa trama, su enfoque retorcido en la moralidad y sus impactantes escenas de horror. James Wan dirige hábilmente la película, construyendo una atmósfera inquietante y tensa que atrapa al espectador desde el principio.

El elenco, encabezado por Cary Elwes como el Dr. Lawrence Gordon y Tobin Bell como Jigsaw, ofrece actuaciones memorables que añaden profundidad a los personajes. El carismático pero retorcido Jigsaw se convierte en un villano icónico en el mundo del cine de terror.

"Saw" es conocida por sus escenas de horror gráfico y gore, pero también plantea preguntas morales y filosóficas que desafían al espectador. ¿Qué estaría dispuesto a hacer para sobrevivir? ¿Cuánto valoras tu propia vida? Estas son algunas de las preguntas que la película plantea de manera impactante.

La película también introduce un nuevo tipo de villano en el género del terror: un asesino que busca enseñar a sus víctimas el valor de la vida a través del sufrimiento extremo. Esta premisa retorcida ha influido en numerosas películas y series de terror posteriores.

En última instancia, "Saw" es una película de terror que ha dejado una huella indeleble en el género. Su enfoque innovador en la moralidad y el horror, junto con su trama intrigante y giros sorprendentes, la han convertido en una obra influyente en el mundo del cine de terror contemporáneo.

74. THE RING (2002)

Introducción

"The Ring" es una película de terror dirigida por Gore Verbinski y lanzada en 2002. Esta película es una adaptación de la película japonesa "Ringu" y se ha convertido en un ícono del cine de terror gracias a su trama intrigante, su atmósfera inquietante y su icónica maldición relacionada con una cinta VHS. A través de esta sinopsis, exploraremos los elementos clave de "The Ring" que la han convertido en un clásico del género.

Sinopsis

La historia comienza con dos adolescentes, Katie (interpretada por Amber Tamblyn) y Becca (interpretada por Rachael Bella), hablando sobre una cinta de vídeo maldita entre susurros en una fiesta de pijamas. Katie menciona una cinta de vídeo que supuestamente mata a cualquiera que la vea después de siete días. Becca, escéptica, se ríe, pero Katie revela que vio la cinta una semana antes y que ahora está convencida de que morirá en breve.

La trama se desarrolla cuando Katie muere de forma misteriosa en su casa una semana después de haber visto la cinta. Su madre, Ruth (interpretada por Lindsay Frost), está devastada por la pérdida y le pide a su hermana, Rachel Keller (interpretada por Naomi Watts), una periodista investigadora, que averigüe la verdad detrás de la muerte de

Katie.

Rachel comienza a investigar el caso y descubre que Katie y sus amigos vieron la misma cinta de vídeo maldita en una cabaña. Decidida a descubrir la verdad, Rachel rastrea la cinta y la ve. La cinta está llena de imágenes perturbadoras, incluyendo una secuencia final aterradora de una niña que se acerca a la pantalla y un teléfono que suena con la advertencia de que "vas a morir en siete días".

Enfrentada a una cuenta regresiva mortal, Rachel busca desesperadamente respuestas. Junto con su ex esposo, Noah (interpretado por Martin Henderson), también periodista, rastrea la historia detrás de la cinta. Descubren que la cinta fue creada por una mujer llamada Samara Morgan (interpretada por Daveigh Chase), quien tuvo una vida llena de abusos y experimentos psíquicos.

A medida que avanzan en la investigación, Rachel y Noah desentrañan una serie de eventos macabros relacionados con Samara y su familia adoptiva. Descubren que Samara tenía poderes psíquicos incontrolables que causaron la muerte de animales y personas a su alrededor, lo que llevó a que fuera encerrada en un pozo por su madre adoptiva, Evelyn (interpretada por Sissy Spacek), quien también era una víctima de los horrores de Samara.

La película se vuelve aún más inquietante cuando Rachel y Noah descubren que Samara no solo dejó su maldición en la cinta de vídeo, sino que también dejó un rastro de muerte y terror en su camino. La cuenta regresiva de siete días se convierte en una carrera contra el tiempo para salvar sus propias vidas y detener la maldición antes de que se extienda a otros.

A medida que el plazo se acerca, Rachel y Noah descubren la verdad detrás de la maldición y la importancia de liberar a Samara y su espíritu atormentado. La película llega a su punto culminante en un intento desesperado por desvelar el misterio y romper la maldición antes de que sea demasiado tarde.

Conclusión

"The Ring" es una película de terror que se destaca por su narrativa intrigante, su atmósfera inquietante y su concepto único de una cinta de vídeo maldita. Gore Verbinski dirige la película con maestría, creando una sensación constante de inquietud y misterio que envuelve al espectador.

El elenco, encabezado por Naomi Watts como Rachel, ofrece actuaciones convincentes que transmiten la angustia y el desespero de los personajes atrapados en la maldición de Samara. Daveigh Chase también es memorable como Samara, una antagonista aterradora cuyo espíritu atormentado es el núcleo del horror de la película.

Lo que distingue a "The Ring" es su enfoque en la trama y el misterio, en lugar de depender únicamente de sustos y efectos visuales. La película lleva al espectador a un viaje de descubrimiento y resolución de un misterio macabro, lo que la convierte en una experiencia cinematográfica más inmersiva y perturbadora.

La cinta de vídeo maldita y la cuenta regresiva de siete días añaden un elemento de urgencia a la trama, lo que aumenta la tensión y el suspenso a medida que Rachel y Noah se apresuran por descubrir la verdad detrás de la maldición y salvar sus vidas.

En última instancia, "The Ring" es una película de terror que ha dejado una marca indeleble en el género. Su enfoque en el misterio y el horror psicológico, junto con su atmósfera inquietante, la ha convertido en un clásico moderno del cine de terror. La película demuestra que el miedo más profundo a menudo proviene de lo desconocido y lo incomprensible, y que la curiosidad puede tener consecuencias mortales.

75. EL ORFANATO (2007)

Introducción

"El Orfanato" es una película de terror y misterio dirigida por J.A. Bayona y producida por Guillermo del Toro, estrenada en 2007. Esta película española ha sido ampliamente elogiada por su atmósfera inquietante, su narrativa intrigante y las actuaciones destacadas de su elenco. A través de esta sinopsis, exploraremos los elementos clave de "El Orfanato" que la han convertido en una joya del cine de terror.

Sinopsis

La película comienza con Laura (interpretada por Belén Rueda), su esposo Carlos (interpretado por Fernando Cayo) y su hijo adoptivo Simón (interpretado por Roger Príncep) mudándose a un antiguo orfanato que Laura solía frecuentar cuando era una niña huérfana. La pareja planea convertir el edificio en un hogar para niños discapacitados.

Desde el principio, Simón parece tener amigos imaginarios y menciona a un niño llamado Tomás con quien juega. Aunque Laura inicialmente considera esto como parte de la imaginación de su hijo, comienza a preocuparse cuando Simón insiste en que Tomás es un niño real que se esconde en la casa.

La trama se complica cuando Simón desaparece repentinamente durante una fiesta que Laura y Carlos organizan para los niños del orfanato. A pesar de una búsqueda intensiva, Simón no puede ser encontrado, lo que sume a Laura en una angustia desgarradora.

Meses después de la desaparición de Simón, Laura aún lucha por superar la pérdida de su hijo. Durante este tiempo, la casa comienza a revelar secretos oscuros y fenómenos paranormales inquietantes. Laura se convence cada vez más de que el espíritu de Tomás está en la casa y que busca comunicarse con ella.

Desesperada por encontrar a Simón y entender lo que está sucediendo, Laura busca la ayuda de un parapsicólogo llamado Aurora (interpretada por Geraldine Chaplin). Aurora utiliza técnicas de mediumnidad para comunicarse con los espíritus y descubre la historia del orfanato, que estaba dirigido por una mujer llamada Benigna (interpretada por Montserrat Carulla) y que Tomás era uno de los niños discapacitados que vivían allí.

La película toma un giro aterrador cuando Laura decide someterse a una sesión de comunicación con los espíritus. Durante la sesión, Laura descubre que Tomás murió de forma trágica en un juego de escondidas hace muchos años y que su fantasma busca venganza.

La resolución de la película llega a un punto crítico cuando Laura sigue una serie de pistas y llega a un sótano oculto en el orfanato. Allí, descubre una bolsa que contiene los restos de Tomás y una carta escrita por él antes de su muerte, en la que expresa su deseo de ser encontrado.

Laura también descubre que Benigna, la directora del orfanato, estaba involucrada en la muerte de Tomás y que Simón fue secuestrado para ayudar a Benigna en su búsqueda de tesoros ocultos en la casa. Determinada a devolver a Tomás sus restos y liberar su espíritu, Laura enfrenta a Benigna en un enfrentamiento final aterrador.

Conclusión

"El Orfanato" es una película de terror que se destaca por su enfoque en el misterio y el horror psicológico. J.A. Bayona dirige la película con maestría, creando una atmósfera inquietante y envolvente que sumerge al espectador en la angustia y el misterio de Laura.

Belén Rueda ofrece una actuación notable como Laura, transmitiendo la desesperación y la determinación de su personaje mientras busca a su hijo desaparecido y enfrenta lo paranormal. El resto del elenco también brilla en sus respectivos papeles, contribuyendo a la creación de un mundo lleno de tensión y misterio.

Lo que distingue a "El Orfanato" es su enfoque en el drama humano y la exploración de temas como la maternidad, la pérdida y el luto. La película equilibra hábilmente el horror sobrenatural con las emociones de los personajes, lo que la hace aún más impactante.

La película también se beneficia de un guion sólido que teje hábilmente la trama y las pistas, manteniendo a la audiencia intrigada hasta el final. La revelación de la verdadera historia detrás de Tomás y el orfanato es un giro impactante que agrega profundidad a la narrativa.

En última instancia, "El Orfanato" es una película de terror que trasciende el género al explorar temas universales de amor, pérdida y redención. Su capacidad para crear una experiencia inquietante y emocionalmente conmovedora la ha convertido en un clásico moderno del cine de terror, ampliamente apreciado por su calidad cinematográfica y su profundidad emocional.

76. 28 DÍAS DESPUÉS... (2002)

Introducción

"28 días después..." es una película de terror y ciencia ficción dirigida por Danny Boyle y escrita por Alex Garland. Estrenada en 2002, esta película británica es conocida por su enfoque fresco y perturbador en el género de los zombis. A través de esta sinopsis, exploraremos los elementos clave de "28 días después..." que la han convertido en un éxito de culto y una obra influyente en el cine de terror contemporáneo.

Sinopsis

La película comienza con imágenes de disturbios en Londres y noticias sobre una epidemia que se propaga rápidamente. El protagonista, Jim (interpretado por Cillian Murphy), un mensajero de bicicleta, se despierta solo en un hospital abandonado después de haber estado en coma durante 28 días. Al explorar el hospital y las calles desiertas de Londres, Jim se encuentra con escenas de caos y devastación, pero no puede encontrar a nadie con vida.

Jim finalmente se encuentra con un grupo de sobrevivientes, Selena (interpretada por Naomie Harris), Mark (interpretado por Noah Huntley) y Frank (interpretado por Brendan Gleeson), quienes lo rescatan de un ataque de los infectados, personas que han sido transformadas en violentos y furiosos seres sedientos de sangre debido a un virus desconocido. Selena, especialmente, le advierte a Jim que en este nuevo mundo, la amabilidad y la confianza pueden ser mortales.

El grupo se refugia en un apartamento y se entera de la naturaleza del virus: fue liberado como resultado de un experimento animal en un laboratorio de investigación. La infección se propaga a través de la sangre y la saliva, y la única manera de evitar la infección es mantenerse alejado de las personas infectadas.

Deciden buscar refugio en una base militar cercana después de escuchar un mensaje de radio que sugiere que hay un lugar seguro en Manchester. Mientras se dirigen hacia la base, se encuentran con un padre, Frank, y su hija, Hannah (interpretada por Megan Burns). Frank decide unirse al grupo, y todos se embarcan en un viaje peligroso por carretera.

En el camino, se topan con una mansión de lujo habitada por un grupo de soldados británicos liderados por el Mayor Henry West (interpretado por Christopher Eccleston). Aparentemente, los soldados han establecido un pequeño reino con reglas rígidas y la intención de repoblar el país cuando la infección se haya calmado. Jim y sus compañeros son inicialmente bienvenidos, pero pronto se dan cuenta de que el mayor West tiene intenciones menos altruistas.

La película alcanza su punto culminante en un enfrentamiento aterrador entre Jim y el Mayor West, donde la brutalidad y la traición se revelan en toda su magnitud. Jim logra escapar y se reúne con Selena y Hannah, quienes han huido de la mansión. Juntos, encuentran un mensaje en una casa abandonada que indica que la base militar en Manchester es una trampa y que el país no está seguro.

Deciden viajar a un lugar remoto en Escocia donde un puñado de sobrevivientes han formado una pequeña comunidad autosuficiente. En su viaje hacia Escocia, Jim, Selena y Hannah encuentran señales de esperanza y humanidad en medio del caos, lo que sugiere que la civilización puede recuperarse a pesar de la devastación.

Conclusión

"28 días después..." es una película de terror que se destaca por su enfoque fresco en el género de los zombis. Danny Boyle dirige la película con una estética cruda y realista, utilizando cámaras digitales para crear una atmósfera inmersiva que sumerge al espectador en la angustia y el caos del mundo postapocalíptico.

El elenco ofrece actuaciones destacadas, especialmente Cillian Murphy como Jim y Naomie Harris como Selena, quienes encarnan la desesperación y la determinación de los supervivientes en un mundo dominado por el horror. La película también aborda temas profundos, como la naturaleza humana en situaciones extremas y la lucha por la supervivencia.

Lo que distingue a "28 días después..." es su enfoque en la rapidez y la agresión de los infectados, que se aleja del estereotipo lento y torpe de los zombis tradicionales. Esto agrega un nivel de intensidad y tensión constante a la película, manteniendo al espectador al borde de su asiento.

La película también aborda temas como la paranoia, la brutalidad humana y la búsqueda de la esperanza en medio de la desolación. Aunque es una película de terror, "28 días después..." también es una reflexión sobre la resiliencia y la capacidad del ser humano para encontrar la luz en la oscuridad.

En última instancia, "28 días después..." ha dejado una marca indeleble en el género de los zombis y es ampliamente considerada como una obra maestra del cine de terror moderno. Su enfoque fresco, su narrativa intensa y su exploración de temas profundos lo han convertido en una película influyente que sigue siendo apreciada por los amantes del cine de terror en todo el mundo.

77. LA INVASIÓN DE LOS LADRONES DE CUERPOS (1956)

Introducción

"La Invasión de los Ladrones de Cuerpos" es una película de ciencia ficción y horror dirigida por Don Siegel y estrenada en 1956. Basada en la novela "The Body Snatchers" de Jack Finney, esta película se ha convertido en un clásico del cine de ciencia ficción y una obra influyente en el género de invasión alienígena. A través de esta sinopsis, exploraremos los elementos clave de "La Invasión de los Ladrones de Cuerpos" que la han convertido en una película atemporal.

Sinopsis

La película comienza con el Dr. Miles Bennell (interpretado por Kevin McCarthy) narrando los eventos inquietantes que ha vivido en su pequeña comunidad de Santa Mira, California. Miles es un médico local que se ve atrapado en una serie de eventos misteriosos que comienzan cuando sus pacientes afirman que sus seres queridos no son realmente ellos. Aunque al principio sospecha de problemas de salud mental, Miles pronto descubre que hay algo mucho más siniestro en juego.

La historia se desarrolla cuando varios residentes de Santa Mira comienzan a experimentar un extraño fenómeno: sus seres queridos están cambiando. En apariencia, todavía son ellos mismos, pero han perdido sus emociones humanas y actúan de manera mecánica y desapasionada. Esto inicia una serie de encuentros desconcertantes para Miles y su antigua amiga Becky Driscoll (interpretada por Dana Wynter), quien ha regresado a Santa Mira después de un tiempo fuera.

Miles y Becky investigan juntos y descubren que los cambios están relacionados con unas vainas alienígenas que están creciendo en un invernadero cercano. Estas vainas producen duplicados perfectos de los seres humanos mientras duermen y luego destruyen los cuerpos originales. Los duplicados, conocidos como "los cuerpos robados", son versiones sin emociones ni individualidad de las personas originales.

La paranoia se apodera de la comunidad cuando Miles y Becky intentan convencer a otros de la amenaza que se cierne sobre ellos. La película crea una atmósfera de tensión y desconfianza a medida que los personajes se enfrentan a la posibilidad de que cualquiera de sus seres queridos pueda ser uno de los invasores.

Miles y Becky intentan huir de la comunidad para alertar al mundo exterior sobre la amenaza, pero se encuentran con una carretera llena de camiones que transportan vainas alienígenas, indicando que la invasión se está extendiendo más allá de Santa Mira. En un giro aterrador, Miles y Becky son descubiertos y perseguidos por los invasores. La película culmina en un enfrentamiento emocionante en una cueva, donde Miles intenta detener la propagación de las vainas.

En el epílogo de la película, Miles es encontrado por las autoridades y llevado a un hospital psiquiátrico. Aunque inicialmente es escéptico sobre su historia, un médico de la institución, el Dr. Hill (interpretado por Whit Bissell), comienza a creer en su relato después de escuchar sobre eventos similares en otros lugares. Esto sugiere que la amenaza de los invasores alienígenas es real y se está extendiendo por todo el mundo.

Conclusión

"La Invasión de los Ladrones de Cuerpos" es una película de ciencia ficción que se destaca por su atmósfera inquietante y su exploración de la paranoia y la pérdida de la individualidad en una sociedad aterrada por una invasión alienígena. Don Siegel dirige la película con habilidad, creando un ambiente de suspenso constante y una sensación de desconfianza generalizada.

Las actuaciones, especialmente la de Kevin McCarthy como el Dr. Miles Bennell, son destacables, ya que transmiten la creciente desesperación y la lucha por la supervivencia en un mundo que se está desmoronando. La película también aborda temas profundos, como la identidad y la pérdida de la humanidad en un contexto de invasión alienígena.

Lo que distingue a "La Invasión de los Ladrones de Cuerpos" es su enfoque en la paranoia y la desconfianza que se apodera de la comunidad a medida que los invasores alienígenas reemplazan a los seres humanos uno por uno. La película es una alegoría efectiva sobre el miedo a la conformidad y la pérdida de la individualidad en una sociedad uniforme.

La película también es notable por su influencia en el género de ciencia ficción y sus múltiples adaptaciones y remakes a lo largo de los años. "La Invasión de los Ladrones de Cuerpos" sigue siendo una obra influyente y un clásico del cine de ciencia ficción que ha dejado una marca duradera en la cultura popular y el cine. Su capacidad para crear una sensación de inquietud y paranoia la ha convertido en una película atemporal que sigue siendo relevante en la actualidad.

78. AUDITION (1999)

Introducción

"Audition" es una película de terror psicológico dirigida por Takashi Miike y basada en una novela de Ryu Murakami. Esta película japonesa, lanzada en 1999, es conocida por su capacidad para perturbar y asombrar al público con su retrato escalofriante de la obsesión y el dolor. A través de esta sinopsis, exploraremos los elementos clave de "Audition" que la han convertido en una obra maestra del cine de terror extremo.

Sinopsis

La historia comienza con Shigeharu Aoyama (interpretado por Ryo Ishibashi), un hombre viudo y solitario que trabaja como productor de cine. Aoyama se siente abrumado por la soledad y la tristeza tras la muerte de su esposa, lo que lo lleva a considerar la idea de encontrar una nueva pareja. Su amigo, Yoshikawa (interpretado por Jun Kunimura), un productor de cine, le sugiere que realice una audición falsa para encontrar a la mujer perfecta.

Aoyama y Yoshikawa organizan la audición bajo la fachada de buscar una actriz para una película que nunca se realizará. Entre las muchas candidatas, Aoyama queda cautivado por Asami Yamazaki (interpretada por Eihi Shiina), una joven tímida y misteriosa que se destaca entre las demás aspirantes. Aoyama se siente atraído por su belleza y su aparente fragilidad, y decide conocerla personalmente.

Comienzan a salir y Aoyama se enamora profundamente de Asami, quien le cuenta una historia inquietante sobre su pasado. Afirma haber sido una talentosa bailarina, pero una lesión en la pierna puso fin a su carrera. También menciona a su difunto amante, un músico que la maltrató física y emocionalmente.

A medida que su relación avanza, Aoyama comienza a notar comportamientos extraños y perturbadores en Asami. Descubre una bolsa de cuero con objetos extraños en su apartamento, incluyendo alfileres y alambres. Además, nota que ella se vuelve cada vez más distante y posesiva. La película crea una sensación de inquietud constante a medida que la relación se vuelve más intensa y enfermiza.

A medida que Aoyama se da cuenta de que Asami oculta secretos oscuros, decide investigar su pasado. Sus averiguaciones lo llevan a una antigua escuela de ballet donde supuestamente Asami estudió. Sin embargo, descubre que la escuela cerró hace muchos años y nadie recuerda a una estudiante llamada Asami Yamazaki. Esto aumenta su paranoia y temor hacia ella.

La película toma un giro aterrador cuando Aoyama, en su búsqueda de la verdad, descubre que Asami no es quien dice ser y que ha estado ocultando una naturaleza sádica y vengativa. En una secuencia escalofriante, Aoyama es drogado por Asami y despierta en un lugar oscuro y ominoso. Ahí se enfrenta a una pesadilla aterradora y una revelación perturbadora sobre su amada.

La película culmina en un acto de violencia extrema y tortura psicológica, donde Aoyama se encuentra atrapado en una pesadilla de la que parece no haber escapatoria. La línea entre la realidad y la fantasía se desdibuja, y el espectador es arrastrado al abismo de la locura junto con los personajes.

Conclusión

"Audition" es una película de terror psicológico que se destaca por su capacidad para crear una atmósfera intensamente inquietante y perturbadora. Takashi Miike dirige la película con maestría, construyendo una sensación de tensión constante y horror psicológico que se adhiere al espectador mucho después de que termine la película.

Las actuaciones son destacables, en particular la de Eihi Shiina como Asami, quien encarna la dualidad de su personaje de manera impresionante, pasando de una apariencia vulnerable a una crueldad aterradora. Ryo Ishibashi como Aoyama también ofrece una actuación conmovedora y aterradora a medida que su personaje cae en la trampa de Asami.

"Audition" es conocida por su capacidad para provocar fuertes reacciones emocionales y físicas en el público debido a su intensidad y su retrato extremo de la obsesión y el dolor. La película aborda temas profundos como la soledad, la pérdida y la venganza, y lo hace de una manera que desafía las convenciones del cine de terror convencional.

Lo que distingue a "Audition" es su capacidad para sumergir al espectador en la mente de un protagonista que se enfrenta a una pesadilla cada vez más surreal y aterradora. La película es una exploración profunda de la obsesión y la pérdida de la cordura en un mundo de pesadilla.

"Audition" ha dejado una marca indeleble en el cine de terror y es ampliamente considerada como una obra maestra del género de terror extremo. Su capacidad para perturbar y conmocionar al público la ha convertido en una película que se mantiene en la memoria mucho después de verla, lo que la convierte en una experiencia cinematográfica impactante y única.

79. ENTREVISTA CON EL VAMPIRO (1994)

Introducción

"Entrevista con el Vampiro" es una película de terror gótico dirigida por Neil Jordan y basada en la famosa novela homónima de Anne Rice. Esta película, estrenada en 1994, es una obra maestra del cine de vampiros que ha dejado una marca indeleble en el género. A través de esta sinopsis, exploraremos los elementos clave de "Entrevista con el Vampiro" y su retrato inquietante de la inmortalidad, la soledad y la búsqueda de identidad.

Sinopsis

La historia se desarrolla en el siglo XVIII en Nueva Orleans, donde Louis de Pointe du Lac (interpretado por Brad Pitt), un aristócrata devastado por la muerte de su esposa y su hijo, se encuentra al borde del suicidio. En su hora más oscura, se encuentra con Lestat de Lioncourt (interpretado por Tom Cruise), un vampiro que lo convierte en un no muerto y le ofrece una nueva vida en la oscuridad eterna.

La relación entre Louis y Lestat se convierte en el núcleo de la película, explorando la dinámica maestro-aprendiz y la compleja conexión entre ellos. Lestat, un vampiro hedonista y amante de la vida nocturna, disfruta matando y bebiendo sangre humana, mientras que Louis lucha con la moralidad de su nueva existencia y busca una forma de vivir sin dañar a los humanos.

La película se compone en gran parte de una serie de "entrevistas" en las que Louis, siglos después, le cuenta su historia a un periodista llamado Daniel Molloy (interpretado por Christian Slater). A través de estas entrevistas, la película revela los momentos cruciales en la vida de Louis como vampiro.

Uno de los puntos centrales de la historia es la introducción de Claudia (interpretada por Kirsten Dunst), una niña huérfana a quien Louis y Lestat convierten en un vampiro para que Louis no esté solo en su inmortalidad. Claudia se convierte en una figura trágica y compleja, ya que su cuerpo nunca envejece, pero su mente anhela la madurez y la comprensión.

La relación entre Louis, Lestat y Claudia se vuelve cada vez más tensa a medida que Claudia crece emocionalmente pero sigue atrapada en el cuerpo de una niña. Finalmente, Claudia se rebela contra Lestat y busca venganza por su cruel destino, lo que lleva a un enfrentamiento violento.

La película explora temas profundos como la soledad de la inmortalidad, la pérdida de la humanidad y la búsqueda de sentido en una existencia eterna. Louis busca respuestas sobre la naturaleza de los vampiros y su lugar en el mundo, mientras Lestat parece abrazar su maldición sin remordimientos.

A medida que la historia avanza, Louis y Lestat viajan por Europa y se sumergen en la alta sociedad vampírica. Se cruzan con vampiros antiguos y poderosos, incluyendo a Armand (interpretado por Antonio Banderas), líder de un teatro de vampiros en París. Esta trama refuerza la sensación de una comunidad vampírica secreta y da más profundidad al mundo de los no muertos.

La película culmina en un enfrentamiento final entre Louis, Lestat y Claudia, que revela la oscuridad y la brutalidad de la existencia vampírica. La narrativa enmarca la historia como una exploración de la eterna lucha entre la humanidad y la bestia dentro de los vampiros.

Conclusión

"Entrevista con el Vampiro" es una película de terror gótico que se destaca por su enfoque en los aspectos psicológicos y emocionales de la inmortalidad. Neil Jordan dirige la película con un estilo visual impresionante que capta la opulencia de la época y la belleza melancólica de la existencia vampírica.

Las actuaciones son notables, en particular la de Brad Pitt como Louis, quien encarna la angustia y la búsqueda de sentido en una vida sin fin. Tom Cruise también ofrece una actuación memorable como el carismático y sádico Lestat. Kirsten Dunst, a una edad temprana, brinda una interpretación conmovedora y perturbadora como Claudia.

"Entrevista con el Vampiro" es más que una película de terror convencional; es una meditación sobre la mortalidad, la soledad y la búsqueda de identidad. La película aborda temas profundos y oscuros mientras sigue siendo una experiencia visualmente impresionante.

Lo que distingue a "Entrevista con el Vampiro" es su capacidad para explorar las complejidades emocionales y éticas de la inmortalidad en un contexto de horror gótico. La película es un estudio profundo de los personajes y su lucha por encontrar significado en una existencia eterna.

"Entrevista con el Vampiro" se ha convertido en un clásico del cine de vampiros y ha dejado una marca duradera en la cultura popular y el género del terror. Su enfoque en la inmortalidad, la belleza y el sufrimiento la convierte en una película que trasciende las convenciones del género y se mantiene como una obra maestra del cine.

80. LAS DIABÓLICAS (1955)

Introducción

"Las Diabólicas" ("Les Diaboliques" en francés) es una obra maestra del cine de suspense dirigida por Henri-Georges Clouzot. Estrenada en 1955, esta película francesa es un ejemplo clásico del género de thriller psicológico y ha influido en generaciones de cineastas. A través de esta sinopsis, exploraremos los elementos clave de "Las Diabólicas" y su intrincada trama de engaño, traición y misterio.

Sinopsis

La historia se desarrolla en una escuela secundaria exclusiva para chicos, dirigida por Michel Delassalle (interpretado por Paul Meurisse), un director cruel y tiránico. Delassalle también está casado con Christina (interpretada por Véra Clouzot), una profesora vulnerable y enferma que sufre humillaciones y abusos constantes por parte de su esposo.

Christina se ha hecho amiga de Nicole Horner (interpretada por Simone Signoret), otra profesora de la escuela. Las dos mujeres comparten un vínculo especial, y Nicole se preocupa profundamente por la difícil situación de Christina. Juntas, idean un plan para liberarse de la opresión de Delassalle.

El plan es aparentemente sencillo: asesinar a Delassalle y ocultar su cuerpo en la piscina de la escuela durante un tiempo, para que parezca un accidente. Después, buscarán el cuerpo y lo harán desaparecer permanentemente. A pesar de la aparente simplicidad del plan, la película genera una tensión constante desde el principio.

Nicole, con su determinación y astucia, lleva a cabo la parte más peligrosa del plan, envenenando a Delassalle con una bebida mezclada con drogas. Luego, junto con Christina, transporta el cuerpo del director al baño y lo sumerge en una bañera llena de agua.

Sin embargo, cuando llega el momento de recuperar el cuerpo, las cosas empiezan a complicarse. El cuerpo de Delassalle ha desaparecido, y Nicole y Christina están aterrorizadas por la posibilidad de que haya sobrevivido o que alguien más haya descubierto su plan. La película crea una sensación de paranoia y miedo constante a medida que las dos mujeres luchan por comprender lo que está sucediendo.

La investigación policial también se convierte en una amenaza, ya que un inspector de policía sospechoso comienza a hacer preguntas sobre la desaparición de Delassalle. La situación se vuelve aún más intensa a medida que la presión sobre Nicole y Christina aumenta.

A medida que la trama avanza, se revelan secretos oscuros y traiciones inesperadas, y la línea entre la realidad y la ilusión se difumina. La película juega con la percepción del espectador y lo mantiene en vilo hasta el final.

La tensión aumenta gradualmente mientras los personajes intentan desentrañar el misterio de la desaparición de Delassalle y se enfrentan a sus propios demonios internos. La película explora temas de culpabilidad, traición y el costo emocional de cometer un acto atroz.

Conclusión

"Las Diabólicas" es una obra maestra del thriller psicológico que se destaca por su trama intrincada y su atmósfera asfixiante. Henri-Georges Clouzot dirige la película con precisión, manteniendo al espectador en un estado constante de ansiedad y anticipación.

Las actuaciones son extraordinarias, en particular las de Simone Signoret y Véra Clouzot, quienes entregan interpretaciones memorables y llenas de matices como las dos mujeres atrapadas en una pesadilla de su propia creación.

Lo que distingue a "Las Diabólicas" es su habilidad para crear una sensación de paranoia y angustia que persiste mucho después de que la película termine. La trama está llena de giros sorprendentes y revelaciones impactantes, y la película desafía constantemente las expectativas del espectador.

"Las Diabólicas" ha dejado una huella indeleble en la historia del cine de suspense y sigue siendo una referencia obligada en el género. Su capacidad para mantener al público en vilo y su exploración de temas profundos la convierten en una película que trasciende las barreras del tiempo y sigue siendo una experiencia cinematográfica poderosa y perturbadora.

81. NO PROFANAR EL SUEÑO DE LOS MUERTOS (1974)

Introducción

"No Profanar el Sueño de los Muertos" ("The Living Dead at Manchester Morgue" en inglés) es una película de terror zombie dirigida por Jorge Grau y lanzada en 1974. Aunque menos conocida que algunas de las películas de zombis más famosas, esta película española se ha ganado un lugar especial en el corazón de los aficionados al cine de terror por su enfoque único en los muertos vivientes y su crítica social. A través de esta sinopsis, exploraremos los elementos clave de "No Profanar el Sueño de los Muertos" y su contribución al género de los zombis.

Sinopsis

La película comienza con George (interpretado por Ray Lovelock), un técnico de antenas parabólicas que viaja a través del campo inglés. En el camino, tiene un encuentro desagradable con Edna (interpretada por Cristina Galbó), una joven que maneja un automóvil con problemas. George intenta ayudarla, pero su temperamento chocante crea una tensión inicial.

George y Edna se encuentran nuevamente en una gasolinera, donde George se detiene para reparar su camioneta. En este punto, descubrimos que Edna está tratando de llegar a su pueblo natal, un lugar llamado Willard, para visitar la tumba de su difunto esposo.

Mientras tanto, en una granja cercana, un granjero se encuentra experimentando con un dispositivo de control de plagas ultrasónico. Este dispositivo, diseñado para ahuyentar a los insectos, tiene efectos secundarios no deseados: revivifica a los muertos en el cementerio cercano.

A medida que George y Edna se acercan a Willard, comienzan a notar comportamientos extraños en la población local. Las personas se vuelven hostiles, violentas y están rodeadas de un aura de paranoia. Este es el primer indicio de que algo terrible está ocurriendo en el pueblo.

La película se sumerge profundamente en el terror cuando los muertos, ahora convertidos en zombis, comienzan a despertar y aterrorizar a los residentes de Willard. Los zombis son representados de manera efectiva con maquillaje y efectos prácticos que generan una sensación de inquietud genuina.

George y Edna, junto con un inspector de policía local llamado Bram (interpretado por Arthur Kennedy), se unen para enfrentar esta pesadilla. La trama se convierte en una carrera contra el tiempo mientras intentan convencer a las autoridades locales de que los zombis están detrás de la creciente ola de violencia y asesinatos.

"No Profanar el Sueño de los Muertos" se distancia de las convenciones de las películas de zombis de la época al centrarse en la crítica social y medioambiental. La película critica la dependencia de la sociedad de tecnologías dañinas y la indiferencia hacia el medio ambiente. El dispositivo de control de plagas ultrasónico se convierte en una metáfora de la imprudencia humana y su capacidad para desencadenar consecuencias destructivas.

A medida que la trama se desarrolla, los personajes principales se ven atrapados en una batalla desesperada por sobrevivir, y la película alcanza su punto máximo en una escena tensa en el cementerio donde los zombis emergen de sus tumbas. La tensión y el horror se intensifican a medida que los protagonistas luchan por escapar de la horda de muertos vivientes.

El clímax de la película es aterrador y emocionante, con enfrentamientos desesperados y un sentido constante de peligro. La resolución final de la película es sombría y evoca una sensación de desesperanza que es característica del cine de terror de la década de 1970.

Conclusión

"No Profanar el Sueño de los Muertos" es una película de zombis única en su enfoque, que combina efectivamente el horror de los muertos vivientes con una crítica social sutil pero impactante. Jorge Grau dirige la película con maestría, creando una atmósfera de terror y tensión que se mantiene a lo largo de la trama.

Las actuaciones son sólidas, especialmente la de Ray Lovelock como George, quien se convierte en un héroe improbable en medio del caos zombi. Los zombis, representados con maquillaje práctico y efectos visuales efectivos, contribuyen al impacto aterrador de la película.

Lo que distingue a "No Profanar el Sueño de los Muertos" es su combinación de horror sobrenatural y preocupaciones del mundo real. A través de su crítica ambiental y social, la película añade una capa de profundidad que va más allá de la típica película de zombis de la época.

A pesar de su estatus de culto y su influencia en el género de los zombis, "No Profanar el Sueño de los Muertos" sigue siendo una película subestimada y poco conocida para muchos amantes del cine de terror. Sin embargo, su capacidad para asustar y provocar reflexión la convierte en una obra destacada dentro del género, y merece ser descubierta por aquellos que buscan una experiencia de terror diferente y apasionante.

82. RE-ANIMATOR (1985)

Introducción

"Re-Animator", dirigida por Stuart Gordon y lanzada en 1985, es una película de culto dentro del género de terror y ciencia ficción. Basada en la historia corta de H.P. Lovecraft, esta película se ha ganado su lugar en la historia del cine debido a su enfoque audaz y extravagante en la reanimación de los muertos y su combinación de horror y humor negro. A través de esta sinopsis, exploraremos los elementos clave de "Re-Animator" y su siniestra, pero cómica incursión en la ciencia prohibida.

Sinopsis

La película comienza en la Universidad Miskatonic, donde conocemos al brillante pero excéntrico estudiante de medicina Herbert West (interpretado por Jeffrey Combs). West, recién llegado de Suiza, tiene un oscuro interés en la reanimación de los muertos y ha desarrollado una fórmula experimental para lograrlo. Su arribo causa una impresión inmediata y extraña en su compañero de cuarto, Dan Cain (interpretado por Bruce Abbott), un estudiante de medicina más convencional.

Dan está interesado en Megan Halsey (interpretada por Barbara Crampton), la hija del decano de la universidad, y se siente atraído por ella. Sin embargo, cuando Dan descubre el trabajo secreto de West y su fórmula de reanimación, se ve arrastrado a un oscuro y peligroso mundo de experimentación y obsesión.

La película toma un giro macabro cuando West y Dan prueban con éxito la fórmula de reanimación en un gato muerto. Este evento desencadena una serie de eventos cada vez más aterradores y grotescos. West y Dan deciden llevar su experimentación a un nivel superior, reanimando cadáveres humanos.

A medida que los cadáveres reanimados comienzan a deambular por la universidad, la película se adentra en un territorio de horror cómico. Los personajes deben enfrentarse a la locura que han desatado y encontrar una manera de detener a los seres reanimados antes de que causen más caos.

La película ofrece momentos de humor negro que contrastan con la violencia y el horror visceral. Una de las escenas más notables es cuando Herbert West utiliza una pala para defenderse de un cadáver reanimado decapitado. Esta mezcla de terror y comedia negra es una de las características distintivas de "Re-Animator".

El filme también presenta una escena infame de necrofilia, que es impactante y perturbadora, pero que también se utiliza para resaltar la locura creciente de los personajes y el alcance extremo de su obsesión con la reanimación.

La relación entre West y Dan se vuelve cada vez más tensa a medida que la experimentación avanza y las consecuencias de sus acciones los persiguen. A través de sus interpretaciones, Jeffrey Combs y Bruce Abbott logran transmitir el conflicto y la paranoia de sus personajes de manera efectiva.

El clímax de la película es una orgía de caos, violencia y horror en la que los cadáveres reanimados se apoderan de la universidad. La película culmina en una confrontación final entre los protagonistas y las abominaciones que han creado.

Conclusión

"Re-Animator" es una película de culto que ha dejado una huella indeleble en el género de terror. Su enfoque audaz en la reanimación de los muertos, su humor negro y su mezcla de horror y comedia la hacen única en su clase.

Stuart Gordon dirige la película con un estilo que combina lo grotesco y lo cómico de manera efectiva. La película es impactante y provocadora, pero también tiene momentos de humor oscuro que desafían las convenciones del cine de terror.

Las actuaciones son notables, especialmente la de Jeffrey Combs como Herbert West, quien encarna perfectamente la obsesión y la locura de su personaje. Bruce Abbott y Barbara Crampton también ofrecen actuaciones sólidas que ayudan a llevar adelante la trama.

"Re-Animator" ha influido en generaciones de cineastas y amantes del cine de terror, y su estatus de película de culto sigue siendo fuerte. Aunque puede ser demasiado intensa para algunos espectadores debido a su violencia y contenido perturbador, la película es una experiencia cinematográfica única que sigue sorprendiendo y perturbando a quienes se aventuran en su mundo retorcido de ciencia prohibida y horror desatado.

83. HELLRAISER (1987)

Introducción

"Hellraiser", dirigida por Clive Barker y lanzada en 1987, es una película de terror que se ha convertido en una obra maestra del género. Basada en la novela "The Hellbound Heart" de Barker, esta película introdujo al mundo a los Cenobitas, seres aterradores y retorcidos que se mueven en el umbral entre el placer y el dolor extremo. A través de esta sinopsis, exploraremos los elementos clave de "Hellraiser" y su inquietante exploración de la lujuria, la perversión y el horror.

Sinopsis

La película comienza con la misteriosa adquisición de un rompecabezas cúbico conocido como la Configuración del Lamento por parte de Frank Cotton (interpretado por Sean Chapman). Frank, un hedonista en busca de experiencias extremas, cree que este artefacto puede abrir una puerta a un placer más allá de la imaginación humana. Sin embargo, al resolver la Configuración del Lamento, Frank desencadena una pesadilla indescriptible.

La Configuración del Lamento actúa como una llave que abre una puerta al infierno, permitiendo que los Cenobitas entren en el mundo de los vivos. Los Cenobitas son seres grotescos y mutilados que buscan experiencias extremas a través del dolor. El líder de los Cenobitas, Pinhead (interpretado por Doug Bradley), se convierte en un ícono del terror con su apariencia y su frase característica: "Te llevaré al infierno".

Julia (interpretada por Clare Higgins), la esposa de Frank, descubre que su esposo ha desaparecido después de resolver la Configuración del Lamento. A medida que investiga su paradero, descubre que Frank ha regresado de alguna manera, pero su cuerpo ha sido desgarrado y desfigurado en su búsqueda de placer extremo.

Julia se involucra en un oscuro y retorcido juego de seducción y asesinato mientras ayuda a Frank a recuperar su forma física. Para hacerlo, necesitan sangre humana para regenerar el cuerpo destrozado de Frank. Julia se convierte en cómplice de los horrores que siguen, y su transformación de esposa suburbana a asesina obsesionada por el placer es inquietante.

Mientras tanto, el hermano de Julia, Larry (interpretado por Andrew Robinson), y su esposa Kirsty (interpretada por Ashley Laurence), se mudan a la antigua casa de la familia. Kirsty comienza a sospechar que algo siniestro está sucediendo en la casa y descubre la Configuración del Lamento.

Kirsty desencadena accidentalmente a los Cenobitas al resolver la Configuración en un intento desesperado por escapar de Julia y Frank. Pinhead y los Cenobitas comienzan a acosar a Kirsty, exigiendo que revele el paradero de Frank.

La película se adentra cada vez más en el horror a medida que los Cenobitas persiguen a Kirsty y la línea entre el mundo real y el infierno se vuelve borrosa. Las imágenes grotescas y aterradoras, incluidas las visiones del infierno y la transformación de Frank, son impactantes y perturbadoras.

"Hellraiser" también explora temas de perversión sexual y obsesión. La relación retorcida entre Julia y Frank, que involucra el asesinato y el canibalismo, es una representación gráfica de la decadencia y la lujuria. La película sugiere que la búsqueda del placer extremo puede llevar a la degradación y la destrucción.

El clímax de la película es una pesadilla surrealista en la que Kirsty se enfrenta a los Cenobitas y al mismo infierno. A medida que la Configuración del Lamento cobra relevancia, las apuestas se vuelven más altas y los horrores se multiplican.

Conclusión

"Hellraiser" es una película de terror que se destaca por su enfoque audaz en la perversión, el placer y el dolor. Clive Barker, quien también escribió la novela en la que se basa la película, dirige la película con un estilo visual distintivo y perturbador.

Las actuaciones son impresionantes, especialmente la de Doug Bradley como Pinhead, quien se convierte en un ícono del terror con su presencia imponente y su diálogo inquietante.

La película se adentra en el horror psicológico y existencial a medida que los personajes se enfrentan a la realidad de un infierno personal creado por sus propias obsesiones. La Configuración del Lamento actúa como un símbolo de la búsqueda del placer a cualquier costo y de la inevitable degradación que sigue.

"Hellraiser" ha ganado un estatus de culto y sigue siendo influyente en el género de terror. Su representación visual del infierno y su exploración de temas oscuros y retorcidos han dejado una huella indeleble en la cultura del cine de terror.

Aunque es una película intensa y gráfica que puede ser demasiado perturbadora para algunos espectadores, "Hellraiser" es una obra maestra del horror que merece ser vista y apreciada por su audacia y su capacidad para perturbar y provocar reflexión.

84. AMERICAN PSYCHO (2000)

Introducción

"American Psycho", dirigida por Mary Harron y lanzada en 2000, es una película que desafía las expectativas y examina la decadencia detrás de la fachada de la perfección en la sociedad moderna. Basada en la novela homónima de Bret Easton Ellis, la película presenta a Patrick Bateman (interpretado por Christian Bale), un joven y adinerado ejecutivo de Wall Street que, bajo su superficie impecable, oculta un oscuro secreto: es un asesino en serie. A través de esta sinopsis, exploraremos los elementos clave de "American Psycho" y su profundo análisis de la alienación, la vanidad y la violencia en la vida urbana.

Sinopsis

La película se desarrolla en la ciudad de Nueva York a finales de la década de 1980, durante el apogeo de la era yuppies. Patrick Bateman, nuestro protagonista, es un hombre apuesto y exitoso que trabaja en Wall Street y lleva una vida de lujos extremos. A primera vista, parece tenerlo todo: un apartamento elegante, ropa de diseñador, una colección de tarjetas de visita que son objeto de obsesión y un círculo social de amigos igualmente ricos y vanos.

Sin embargo, detrás de esta apariencia impecable, Patrick Bateman oculta su verdadera naturaleza. Es un asesino en serie compulsivo que busca satisfacción a través del homicidio y la tortura. A menudo, sus crímenes están dirigidos hacia aquellos que considera inferiores o simplemente inofensivos. Su capacidad para vivir una doble vida es impresionante, ya que alterna entre ser un hombre de negocios respetado y un monstruo sádico.

La película explora la alienación de Bateman en una sociedad obsesionada con la apariencia y la riqueza. A pesar de su éxito financiero y su apariencia física envidiable, Bateman se siente vacío y desconectado del mundo que lo rodea. Sus relaciones personales son superficiales y carecen de significado genuino. Bateman lucha por encontrar un sentido en su existencia, y la violencia se convierte en una forma retorcida de expresión.

La película presenta momentos gráficos de violencia, que son tanto impactantes como perturbadores. Estos actos brutales sirven como una representación vívida de la decadencia moral de Bateman y de la sociedad en la que vive. La película también critica la obsesión de la cultura de la imagen y la vanidad de la década de 1980, donde las personas se valoraban más por sus posesiones y estatus que por su humanidad.

La relación de Bateman con sus colegas y amigos, incluyendo a Paul Allen (interpretado por Jared Leto), es superficial y despiadada. Bateman siente una profunda envidia y resentimiento hacia aquellos que considera superiores o que tienen algo que él no tiene. Estas emociones negativas alimentan su necesidad de cometer actos de violencia extrema.

A medida que la película avanza, la línea entre la realidad y la fantasía se vuelve borrosa. Bateman experimenta alucinaciones y se convence de que está siendo perseguido por sus crímenes. Su deterioro mental es palpable, y la película juega hábilmente con la confusión y el desconcierto del espectador sobre lo que es real y lo que es producto de la mente trastornada de Bateman.

El clímax de la película es una espiral descendente de locura y violencia. Bateman comete una serie de asesinatos brutales en rápida sucesión mientras su cordura se desmorona por completo. Sin embargo, su oscuro secreto está rodeado de ambigüedad, ya que las personas a su alrededor parecen incapaces de ver la verdad detrás de su máscara de perfección.

Conclusión

"American Psycho" es una película impactante y provocadora que desafía las convenciones del cine de terror al explorar la decadencia y la alienación en la sociedad moderna. Mary Harron dirige la película con maestría, manteniendo una tensión constante y una sensación de inquietud a lo largo de la trama.

La actuación de Christian Bale como Patrick Bateman es sobresaliente y es uno de los roles más icónicos de su carrera. Bale captura a la perfección la dualidad de Bateman como un hombre aparentemente perfecto y un asesino despiadado. Su interpretación es escalofriante y cautivadora.

La película critica la vacuidad de una cultura obsesionada con la apariencia y la riqueza, así como la alienación que puede surgir de la búsqueda obsesiva del éxito material. También cuestiona la moralidad y la percepción de la realidad en un mundo donde las máscaras sociales pueden ser más importantes que la verdad.

Aunque "American Psycho" puede ser perturbadora y gráfica en sus representaciones de violencia, es una obra cinematográfica poderosa que sigue siendo relevante en la exploración de temas oscuros y retorcidos en la vida urbana. Es una película que invita a la reflexión y a la exploración de la complejidad de la mente humana detrás de una máscara de perfección superficial.

85. CREEPSHOW (1982)

Introducción

"Creepshow", dirigida por George A. Romero y escrita por Stephen King, es una película de terror antológica lanzada en 1982. Esta película es una carta de amor al género de los cómics de terror de EC Comics de la década de 1950, conocidos por su estilo pulpy y macabro. "Creepshow" reúne cinco historias independientes de terror, todas con un toque distintivo y retorcido. A través de esta sinopsis, exploraremos las historias principales y el estilo visual distintivo de "Creepshow".

Sinopsis

La película comienza con un prólogo que presenta a Billy (interpretado por Joe King), un niño al que su padre (interpretado por Tom Atkins) castiga por leer cómics de terror en lugar de libros. Este prólogo establece el tono de la película como una celebración de las historias de terror de cómics que Billy ama, y también establece al personaje central, The Creep (interpretado por Tom Savini), una figura esquelética que presenta y narra cada historia.

Father's Day (Día del Padre):

La primera historia sigue a la familia Grantham mientras se reúnen para celebrar el Día del Padre. La abuela de la familia cuenta la historia de cómo su padre, Nathan, fue asesinado por su hija Bedelia años atrás. Cuando la tumba de Nathan es profanada, él regresa de la muerte con sed de venganza. Esta historia establece un tono humorístico y retorcido, con un padre zombi que desea su pastel de cumpleaños.

The Lonesome Death of Jordy Verrill (La Solitaria Muerte de Jordy Verrill):

La segunda historia sigue a Jordy Verrill (interpretado por Stephen King), un granjero que entra en contacto con una extraña sustancia extraterrestre que cae del cielo. La sustancia comienza a crecer en su cuerpo y en su granja, llevándolo a una transformación grotesca. Esta historia es una mezcla de terror y comedia negra, con un toque de advertencia sobre la avaricia y la ignorancia.

Something to Tide You Over (Algo para Calmarte):

La tercera historia presenta a Richard (interpretado por Leslie Nielsen), un hombre adinerado y despiadado que descubre que su esposa, Becky (interpretada por Gaylen Ross), lo engaña con otro hombre, Harry (interpretado por Ted Dibiase). Richard lleva a Harry y Becky a la playa, donde los entierra en la arena y los obliga a mirar cómo las olas los ahogan lentamente. Esta historia explora el horror psicológico y la venganza, con un giro sobrenatural.

The Crate (La Caja):

La cuarta historia sigue al profesor Henry Northrup (interpretado por Hal Holbrook) y su esposa, Wilma (interpretada por Adrienne Barbeau). Descubren una antigua caja debajo de las escaleras de la universidad, que contiene una criatura monstruosa y voraz. Henry ve la criatura como una oportunidad para deshacerse de su molesta esposa. Esta historia es un cuento de terror clásico con una criatura aterradora y momentos de suspenso.

They're Creeping Up on You (Están Acercándose a Ti):

La quinta y última historia se centra en Upson Pratt (interpretado por E.G. Marshall), un millonario obsesionado con la limpieza que vive en un rascacielos de lujo. Mientras una plaga de cucarachas invade su apartamento, Pratt se vuelve cada vez más paranoico y desesperado por eliminarlas. Esta historia explora el horror corporal y la obsesión, culminando en un final impactante.

Después de cada historia, regresamos al prólogo con Billy y su padre. Billy se revela como un aficionado a los cómics de terror que tiene una sorpresa espeluznante para su padre.

Conclusión

"Creepshow" es un festín macabro de historias de terror que rinde homenaje a los cómics de terror de EC Comics y al género en sí mismo. George A. Romero y Stephen King crean un mundo lleno de personajes extravagantes, giros inesperados y un sentido del humor retorcido que equilibra el horror con lo grotesco.

La película captura la esencia de las historias de cómics de terror, con personajes exagerados y desenlaces chocantes. Cada historia tiene su propio estilo y atmósfera, desde el humor negro de "Father's Day" hasta el terror claustrofóbico de "The Crate". El uso creativo de efectos especiales prácticos agrega un toque auténtico a las historias y crea imágenes memorables de horror.

"Creepshow" es una celebración del género de terror y una obra que se mantiene como un clásico del cine de terror. Su estilo visual distintivo y su capacidad para equilibrar el horror y la comedia negra lo convierten en una experiencia cinematográfica única. La película sirve como un recordatorio de que, a pesar de la evolución del cine de terror, las historias clásicas y las imágenes impactantes nunca pasan de moda.

86. EL HOMBRE LOBO

Introducción

"El Hombre Lobo", dirigida por George Waggner y lanzada en 1941, es una de las películas clásicas más icónicas del género de terror. Esta película es una parte integral del legado de los monstruos de Universal Studios, que incluye a Drácula, Frankenstein y La Criatura de la Laguna Negra. "El Hombre Lobo" cuenta la trágica historia de Lawrence Talbot (interpretado por Lon Chaney Jr.), quien se convierte en un hombre lobo después de un ataque en el bosque. A través de esta sinopsis, exploraremos los elementos clave de la película y su contribución duradera al canon del cine de terror.

Sinopsis

La película comienza con la llegada de Lawrence Talbot a su hogar en Llanwelly, Gales, después de haber pasado muchos años en los Estados Unidos. Su llegada se produce debido a la trágica muerte de su hermano, Ben Talbot, quien ha sido brutalmente asesinado en los bosques locales. Lawrence visita la tienda de antigüedades de su padre, donde conoce a Gwen Conliffe (interpretada por Evelyn Ankers), la hija del propietario. Inmediatamente, se establece una atracción entre ellos.

Lawrence decide unirse a un grupo de aldeanos para investigar la muerte de su hermano en el bosque. Durante su búsqueda, se encuentran con una caravana gitana. Dentro de la caravana, Lawrence conoce a Maleva (interpretada por Maria Ouspenskaya), una gitana que tiene un profundo conocimiento de la maldición del hombre lobo. Maleva le advierte a Lawrence que no subestime el poder de la luna llena y que su hermano fue víctima de un hombre lobo.

Más tarde esa noche, mientras investiga una mansión abandonada en el bosque, Lawrence es atacado por una criatura. Un grupo de aldeanos llega justo a tiempo para dispararle a la criatura, que resulta ser un hombre lobo. Herido y en estado de shock, Lawrence es llevado de regreso a la casa de su familia, donde Gwen lo cuida.

La transformación de Lawrence en un hombre lobo comienza con la próxima luna llena. Durante una fiesta en la mansión de la familia, la maldición se manifiesta por primera vez cuando la luna llena brilla sobre él. En un ataque de furia, Lawrence se convierte en un hombre lobo y se escapa, matando a varios aldeanos en el proceso. El inspector de la policía, interpretado por Claude Rains, llega para investigar los asesinatos y comienza a sospechar de Lawrence.

A medida que avanza la película, Lawrence lucha por comprender su naturaleza dual y la maldición que lo atormenta. Maleva le explica que solo una bala de plata puede matar a un hombre lobo y poner fin a su sufrimiento. Con la ayuda de Gwen, Lawrence intenta encontrar una solución a su condición, pero la maldición lo sigue persiguiendo.

El clímax de la película se desarrolla en una torre abandonada, donde Lawrence se enfrenta a su destino. Gwen y el inspector de policía lo siguen hasta la torre y presencian la última transformación de Lawrence en un hombre lobo. En una escena icónica, el inspector dispara a Lawrence con una bala de plata, matándolo y poniendo fin a la maldición.

La película concluye con Maleva lamentando la muerte de Lawrence y explicando que ahora está en paz, finalmente liberado de su tormento. Gwen y el inspector se alejan de la torre mientras la luna llena brilla en el horizonte.

Conclusión

"El Hombre Lobo" es una obra maestra del cine de terror clásico que continúa siendo un hito en la historia del género. La película presenta una actuación destacada de Lon Chaney Jr. como Lawrence

Talbot, que es tanto conmovedora como aterradora. Su transformación en el hombre lobo se ha convertido en una de las imágenes más icónicas del cine de terror.

La película aborda temas universales como la dualidad humana, la maldición y la búsqueda de redención. La lucha de Lawrence por controlar su naturaleza bestial es una metáfora poderosa de las batallas internas que todos enfrentamos. Además, "El Hombre Lobo" se suma a la tradición de las películas de monstruos de Universal Studios, consolidando su lugar en el canon del cine de terror.

La dirección de George Waggner y la cinematografía de Joseph A. Valentine crean una atmósfera inquietante y oscura que contribuye al sentido de misterio y peligro en la película. La partitura de música de Max Steiner también añade dramatismo a la historia.

En resumen, "El Hombre Lobo" es una película que sigue siendo un clásico del cine de terror debido a su profunda exploración de temas humanos y su capacidad para asustar y conmover a la audiencia. Es una obra maestra del género que ha dejado una marca indeleble en la historia del cine.

87. DESTINO FINAL (2000)

Introducción

"Destino Final" es una película de terror dirigida por James Wong y lanzada en 2000. La película se convirtió en un éxito de culto y generó una exitosa franquicia de películas. La premisa de la película gira en torno a un grupo de jóvenes que escapan de una tragedia mortal en un avión solo para descubrir que la Muerte los persigue uno por uno. A través de esta sinopsis, exploraremos los elementos clave de la película y su capacidad para mantener al público al borde de sus asientos.

Sinopsis

La película comienza con un sueño inquietante de Alex Browning (interpretado por Devon Sawa), un estudiante de secundaria que se embarca en un viaje escolar a París con sus amigos y compañeros de clase. En su sueño, el avión en el que están a punto de abordar sufre un accidente catastrófico y todos a bordo mueren en un incendio.

Despertando sobresaltado, Alex se da cuenta de que no puede ignorar su inquietante presentimiento y decide abandonar el avión antes de que despegue. Varios de sus compañeros, incluyendo a su mejor amigo Tod (interpretado por Chad Donella), su maestra Valerie Lewton (interpretada por Kristen Cloke) y su compañera Clear Rivers (interpretada por Ali Larter), también abandonan el vuelo, creyendo que Alex está loco.

Mientras tanto, el avión despega y, en medio de una secuencia de suspense impresionante, explota en el aire, matando a todos a bordo. El grupo que abandonó el avión se enfrenta a la noticia del desastre y a la realidad de que podrían haber muerto si no hubieran seguido su instinto.

A partir de aquí, la película toma un giro escalofriante cuando los sobrevivientes comienzan a morir uno por uno en una serie de accidentes aparentemente inexplicables. Alex se da cuenta de que la Muerte está siguiendo un patrón y que cada muerte está relacionada con la forma en que originalmente habrían muerto en el avión.

Junto con Clear y otros compañeros sobrevivientes, Alex intenta desentrañar el misterio de cómo burlar a la Muerte. Se sumergen en una frenética búsqueda de pistas, investigando los accidentes y buscando posibles soluciones. Mientras tanto, el agente del FBI Weine (interpretado por Daniel Roebuck) se convierte en un obstáculo para su búsqueda, sospechando que podrían estar involucrados en los accidentes.

Las muertes se vuelven cada vez más aterradoras y elaboradas. Desde una explosión en una casa funeraria hasta un accidente automovilístico mortal, la Muerte parece estar decidida a cobrar sus deudas pendientes. La tensión aumenta a medida que los personajes intentan anticipar y evitar las trampas mortales que la Muerte les tiende.

A lo largo de la película, el espectador es testigo de la creciente paranoia y desesperación de los sobrevivientes mientras intentan comprender y escapar de su destino inevitable. Se cuestionan si pueden cambiar su suerte o si la Muerte es verdaderamente implacable.

La película culmina en un emocionante clímax en una feria estatal, donde Alex, Clear y el agente Weine intentan evitar una última tragedia. Sus esfuerzos los llevan a un enfrentamiento final con la Muerte en una montaña rusa mortal.

Conclusión

"Destino Final" es una película que logra mantener al público al borde de sus asientos con su combinación de suspenso, horror y elaboradas secuencias de muertes. La premisa intrigante de que la Muerte sigue persiguiendo a los sobrevivientes de un desastre es una base sólida para una película de terror, y James Wong la ejecuta con maestría.

La película presenta una serie de secuencias impactantes y visuales, desde accidentes automovilísticos hasta eventos en una feria de terror, que mantienen la tensión en un nivel máximo. Los efectos especiales y la cinematografía contribuyen a la atmósfera aterradora de la película.

Además de su capacidad para asustar, "Destino Final" también plantea preguntas filosóficas sobre el destino, la inevitabilidad de la muerte y el poder del instinto humano de sobrevivir. Los personajes principales, especialmente Alex y Clear, son lo suficientemente carismáticos como para que el público se preocupe por su destino.

La película tuvo tanto éxito que generó varias secuelas, convirtiendo a "Destino Final" en una franquicia duradera en el género de terror. Su capacidad para mantener a la audiencia en vilo y su enfoque en el miedo a lo desconocido la convierten en una obra destacada en la filmografía de películas de terror del siglo XXI.

88. MUÑECO DIABÓLICO (1988)

Introducción

"Muñeco Diabólico," dirigida por Tom Holland y lanzada en 1988, es una película de terror que introdujo a Chucky, uno de los villanos más icónicos del género. La trama gira en torno a un muñeco poseído por un asesino en serie y su aterradora lucha por la supervivencia contra una madre y su hijo. A través de esta sinopsis, exploraremos los elementos clave de la película y cómo Chucky se convirtió en una figura emblemática del cine de terror.

Sinopsis

La película comienza en Chicago cuando el notorio asesino en serie Charles Lee Ray (interpretado por Brad Dourif) es herido mortalmente por la policía. Antes de morir, utiliza un ritual vudú para transferir su alma a un muñeco llamado "Good Guy." Charles Lee Ray elige el muñeco porque sabe que será comprado por Andy Barclay (interpretado por Alex Vincent), un niño que se encuentra cerca de su muerte.

La madre de Andy, Karen Barclay (interpretada por Catherine Hicks), trabaja en una tienda de juguetes y compra el muñeco Good Guy a un hombre en el mercado negro. Sin embargo, lo hace sin saber que el muñeco está poseído por el alma de un asesino en serie. Andy se encariña rápidamente con su nuevo muñeco, al que llama Chucky.

A medida que Chucky se convierte en parte de la vida de Andy, cosas extrañas comienzan a suceder. La muñeca cobra vida en momentos de estrés y comienza a mostrar una personalidad siniestra. Andy trata de advertir a su madre y a la policía, pero nadie le cree, ya que es solo un niño.

Cuando Karen se da cuenta de que algo está terriblemente mal con el muñeco, intenta deshacerse de él, pero Chucky regresa una y otra vez. Karen investiga el muñeco y descubre la verdadera historia de Charles Lee Ray y el ritual de vudú. Finalmente, Chucky revela su verdadera naturaleza y su intención de transferir su alma al cuerpo de Andy.

La persecución se intensifica cuando Chucky persigue a Karen y Andy por toda la ciudad. Karen busca la ayuda del detective Mike Norris (interpretado por Chris Sarandon), quien inicialmente era escéptico, pero pronto se enfrenta a la realidad de que el muñeco está vivo y es peligroso.

La lucha climática se desarrolla en el apartamento de los Barclay, donde Chucky se vuelve cada vez más violento y desesperado por transferir su alma. Los personajes enfrentan una batalla aterradora mientras luchan por sobrevivir y deshacerse del muñeco diabólico.

La película alcanza su punto culminante cuando Chucky sufre una serie de heridas mortales, pero sigue persiguiendo a Karen y Andy. Finalmente, Karen lo atrapa y lo quema en el horno. Sin embargo, Chucky sigue luchando incluso después de su aparente destrucción. Mike Norris llega y dispara a Chucky varias veces, aparentemente matándolo.

En el epílogo, Karen y Andy están a salvo, pero Chucky ha dejado una impresión duradera. La película termina con la revelación de que Chucky ha sobrevivido y que su alma aún está atrapada en el muñeco.

Conclusión

"Muñeco Diabólico" es una película de terror que se ha convertido en un clásico del género gracias a su enfoque único y a la creación de uno de los villanos más memorables del cine de terror: Chucky. La película juega hábilmente con el temor a lo que normalmente se considera inocente, un muñeco, y lo transforma en una amenaza aterradora.

La actuación de Brad Dourif como la voz de Chucky es excepcional y contribuye en gran medida a la calidad de la película. Dourif le da a Chucky una personalidad malévola y perturbadora que es al mismo tiempo escalofriante y entretenida de ver.

La dirección de Tom Holland y la cinematografía de Bill Butler crean una atmósfera tensa y claustrofóbica que agrega al suspenso de la película. Las secuencias de persecución y los momentos de violencia son efectivos en mantener al espectador en vilo.

"Muñeco Diabólico" también aborda temas de infancia, confianza y el poder de la creencia. La incapacidad de los adultos para creer en lo que está sucediendo a su alrededor refleja el temor de que los niños no siempre sean escuchados o creídos, incluso cuando están en peligro.

La película tuvo un impacto duradero en el cine de terror y generó una franquicia exitosa que incluye varias secuelas y spin-offs. La imagen de Chucky, con su cabello pelirrojo y su mirada malévola, se ha convertido en un ícono del género.

En resumen, "Muñeco Diabólico" es una película de terror que logra mantener al público en vilo gracias a su concepto único, sus actuaciones impactantes y su capacidad para convertir un objeto cotidiano en una fuente de pesadillas. Ha dejado una marca indeleble en el género y sigue siendo una película apreciada por los amantes del terror de todo el mundo.

89. SWEENEY TODD, EL BARBERO DIABÓLICO DE LA CALLE FLEET (2007)

Introducción

"Sweeney Todd, el barbero diabólico de la calle Fleet," dirigida por Tim Burton y lanzada en 2007, es una adaptación cinematográfica del famoso musical de Stephen Sondheim. La película combina el estilo oscuro y gótico característico de Burton con el horror musical para contar la historia de Benjamin Barker, un barbero injustamente encarcelado que se convierte en el vengativo Sweeney Todd. A través de esta sinopsis, exploraremos los elementos clave de la película y cómo Burton crea un mundo macabro y fascinante.

Sinopsis

La película comienza con la llegada de Benjamin Barker (interpretado por Johnny Depp) a Londres después de pasar años injustamente encarcelado en una colonia penal en Australia. Barker había sido un barbero exitoso, pero fue condenado por el malvado juez Turpin (interpretado por Alan Rickman) debido a su interés en la esposa de Turpin, Lucy (interpretada por Laura Michelle Kelly). Ahora, Barker regresa bajo el alias de Sweeney Todd y busca venganza contra el juez.

Todd regresa a su antigua barbería en la calle Fleet, arriba de la pastelería de Mrs. Lovett (interpretada por Helena Bonham Carter).

Descubre que su esposa Lucy se ha vuelto loca y que su hija, Johanna (interpretada por Jayne Wisener), ahora vive en la mansión del juez Turpin como su hija adoptiva. Todd se jura vengarse del juez y recuperar a su hija.

A medida que Todd reanuda su oficio de barbero, su ira y sed de venganza se vuelven cada vez más evidentes. Mientras tanto, Mrs. Lovett, que secretamente está enamorada de Todd, comienza a ayudarlo con sus planes de venganza. Juntos, idean un macabro plan para asesinar al juez Turpin y sus secuaces.

La película se convierte en una oscura comedia musical cuando Todd comienza a asesinar a sus clientes en su silla de barbero. Una vez muertos, los cuerpos son arrojados al sótano de la pastelería de Mrs. Lovett, donde ella los utiliza como ingredientes para sus famosas empanadas. Esta combinación de asesinato y canibalismo agrega un elemento de horror cómico a la trama.

El plan de Todd y Mrs. Lovett da lugar a una serie de muertes cada vez más siniestras, mientras se acercan cada vez más a su objetivo de venganza contra el juez Turpin. Mientras tanto, Johanna, la hija de Todd, se convierte en el objeto del deseo del joven marinero Anthony (interpretado por Jamie Campbell Bower), lo que complica aún más la trama.

La película llega a su clímax en una escalofriante secuencia en la que Todd, disfrazado como un sacerdote, intenta asesinar al juez Turpin durante una sesión de afeitado. Sin embargo, el asesinato se ve frustrado y Todd es arrestado. Mientras tanto, Mrs. Lovett hace un descubrimiento aterrador sobre el destino de Lucy, la esposa de Todd.

La película culmina en un sangriento y trágico enfrentamiento en la pastelería de Mrs. Lovett. Todd descubre la verdad sobre lo que ha estado sucediendo en el sótano y se enfrenta a su amiga y cómplice. La confrontación lleva a un desenlace violento y sangriento, que involucra a todos los personajes principales.

Conclusión

"Sweeney Todd, el barbero diabólico de la calle Fleet" es una película única que combina el horror, el humor negro y la música en una obra maestra cinematográfica. Tim Burton logra crear un mundo oscuro y gótico que se adapta perfectamente al tono sombrío del musical original de Broadway.

La actuación de Johnny Depp como Sweeney Todd es destacable, ya que logra transmitir la complejidad del personaje, que oscila entre la venganza despiadada y la desesperación por recuperar a su hija. Helena Bonham Carter también brinda una interpretación excepcional como Mrs. Lovett, capturando su obsesión por Todd y su oscuro sentido del humor.

La música y las canciones de Stephen Sondheim son inquietantes y evocadoras, lo que agrega una capa adicional de profundidad emocional a la película. Las canciones, como "Epiphany" y "A Little Priest," se mezclan perfectamente con la narrativa y el ambiente macabro.

El diseño de producción y la dirección artística de la película son impresionantes, creando un Londres del siglo XIX sombrío y decadente que se siente auténtico. La cinematografía de Dariusz Wolski utiliza una paleta de colores oscuros y sombras para crear una atmósfera opresiva.

En resumen, "Sweeney Todd, el barbero diabólico de la calle Fleet" es una película que combina de manera magistral el horror, la comedia y la música en un cóctel intoxicante. Tim Burton y su talentoso elenco y equipo logran dar vida a un oscuro cuento de venganza y redención que sigue siendo una joya del cine contemporáneo. La película es un testimonio del poder del cine para llevar a la audiencia a lugares oscuros y perturbadores mientras la mantiene cautiva a través de su macabro encanto.

90. SINISTER

Introducción

"Sinister," dirigida por Scott Derrickson y lanzada en 2012, es una película de terror que se sumerge en el oscuro mundo de lo paranormal y lo siniestro. La trama sigue a Ellison Oswalt, un escritor de crímenes verdaderos, mientras investiga una serie de asesinatos inexplicables y perturbadores en una casa donde se ha mudado con su familia. A través de esta sinopsis, exploraremos los elementos clave de la película y cómo Derrickson crea una atmósfera de suspense y terror.

Sinopsis

La película comienza con la mudanza de Ellison Oswalt (interpretado por Ethan Hawke), un escritor de crímenes verdaderos, y su familia a una casa en una pequeña ciudad. Ellison tiene la esperanza de escribir un libro exitoso que lo saque de su declive profesional. Sin embargo, no revela a su familia que la casa en la que se mudaron es la escena de un crimen espeluznante y que él está investigando este caso sin contarles.

Ellison descubre una caja de películas caseras en el ático, cada una etiquetada con un nombre enigmático. A medida que examina las películas, se da cuenta de que contienen grabaciones de asesinatos brutales y rituales macabros que han ocurrido en la casa y en otras localidades durante décadas. Al mismo tiempo, comienza a experimentar fenómenos paranormales, como visiones perturbadoras y extraños sonidos en la casa.

Decidido a resolver el misterio y escribir su libro, Ellison busca la ayuda del subcomisario So & So (interpretado por James Ransone), un oficial local. Juntos investigan los asesinatos y tratan de descubrir la conexión entre ellos. Cada película les revela detalles horripilantes de asesinatos de familias anteriores que vivieron en la casa.

A medida que Ellison profundiza en su investigación, descubre que todas las víctimas tenían algo en común: cada uno de los niños desaparecidos de las familias había tenido un encuentro con una entidad maligna conocida como Bughuul o "el comealmas." Bughuul se alimenta de las almas de los niños y documenta sus asesinatos a través de las películas. Las grabaciones son su manera de preservar su legado siniestro.

Ellison se convierte en una obsesión cada vez mayor, y la tensión en su familia crece a medida que su esposa Tracy (interpretada por Juliet Rylance) y sus hijos Ashley (interpretada por Clare Foley) y Trevor (interpretado por Michael Hall D'Addario) comienzan a experimentar fenómenos paranormales aterradores. La relación de Ellison con su familia se deteriora rápidamente a medida que se sumerge más en el oscuro misterio.

A medida que llega al clímax de su investigación, Ellison descubre que su propia familia está en peligro inminente y que Bughuul planea utilizar a su hija Ashley como su próxima víctima. El escritor se enfrenta a una carrera contra el tiempo para salvar a su hija y poner fin al ciclo de terror que ha rodeado a la casa durante décadas.

La película culmina en una secuencia intensa y aterradora mientras Ellison lucha por detener a Bughuul y salvar a su hija de un destino terrible. A medida que se desvelan los oscuros secretos detrás de las películas y el malévolo poder de Bughuul, la película ofrece un final impactante y perturbador.

Conclusión

"Sinister" es una película de terror que se destaca por su atmósfera inquietante, su narrativa intrigante y su capacidad para mantener al público en vilo. Scott Derrickson crea un ambiente sombrío y opresivo que contribuye al suspense y al horror de la película.

Ethan Hawke ofrece una actuación sólida como Ellison, el protagonista obsesionado por su búsqueda de la verdad, y su transformación a lo largo de la película es palpable. James Ransone aporta un toque de humor como el subcomisario So & So, lo que equilibra la tensión del filme.

El uso de las películas caseras como un dispositivo narrativo es una elección inteligente que añade un elemento inquietante a la trama. Cada película revela detalles escalofriantes y contribuye a la sensación de que algo malévolo acecha en las sombras.

"Sinister" también explora temas de obsesión y sacrificio en aras del éxito, así como la lucha de un padre por proteger a su familia. La película juega con la idea de que la búsqueda de la verdad puede llevar a la perdición y que algunas respuestas son mejor no ser descubiertas.

En resumen, "Sinister" es una película de terror que logra mantener a la audiencia en vilo gracias a su atmósfera oscura y a su enigmática trama. La combinación de elementos paranormales, asesinatos horripilantes y una narrativa intrigante la convierten en una experiencia cinematográfica espeluznante. La película culmina en un final que dejará al espectador reflexionando sobre el mal y la obsesión mucho después de que las luces de la pantalla se apaguen.

91. TREN A BUSAN (2016)

Introducción

"Tren a Busan," dirigida por Yeon Sang-ho y lanzada en 2016, es una película surcoreana de horror y acción que se destaca por su enfoque único en el género de los zombis. La trama se desarrolla principalmente en un tren de alta velocidad mientras un grupo de sobrevivientes lucha por mantenerse con vida en medio de un apocalipsis zombi. A través de esta sinopsis, exploraremos los elementos clave de la película y cómo Yeon Sang-ho logra crear una tensión constante y emociones intensas.

Sinopsis

La película comienza con Seok-woo (interpretado por Gong Yoo), un hombre de negocios ocupado y distante, que se enfrenta a la desconexión con su hija pequeña, Su-an (interpretada por Kim Su-an), debido a su enfoque en el trabajo y su divorcio inminente. Como regalo de cumpleaños, Su-an le pide a su padre que la lleve a Busan para visitar a su madre. A regañadientes, Seok-woo accede y abordan un tren de alta velocidad llamado KTX en Seúl con destino a Busan.

Sin embargo, antes de que el tren parta, una joven mujer infectada aborda en secreto y se convierte en un zombi, desencadenando una serie de eventos catastróficos. La infección se propaga rápidamente, convirtiendo a los pasajeros en hordas de zombis sedientos de sangre.

Seok-woo, Su-an y un grupo diverso de pasajeros, incluyendo a Sang-hwa (interpretado por Ma Dong-seok) y su esposa embarazada Seong-kyeong (interpretada por Jung Yu-mi), se encuentran atrapados en el tren, luchando por sobrevivir mientras este se convierte en un caos infernal.

A medida que el tren avanza hacia Busan, el grupo de sobrevivientes debe sortear numerosos obstáculos. La tensión se eleva cuando se dan cuenta de que solo en Busan pueden estar a salvo de la infección zombi, ya que la ciudad ha sido declarada una zona de cuarentena. La narrativa se desarrolla en medio de secuencias de acción intensas mientras el grupo se enfrenta a hordas de zombis en el estrecho espacio del tren.

La película no solo se enfoca en el peligro físico, sino también en las relaciones humanas y la lucha por la supervivencia. Seok-woo experimenta una transformación emocional a lo largo de la película, pasando de ser un padre distante a un protector decidido de su hija y sus compañeros de viaje. Su relación con Su-an se profundiza a medida que enfrentan el horror juntos.

La película también presenta momentos conmovedores y desgarradores, especialmente cuando el grupo se enfrenta a decisiones difíciles en su búsqueda por sobrevivir. La interpretación de los actores, en particular la de Kim Su-an como Su-an, agrega una capa de autenticidad y emoción a la historia.

Uno de los momentos más impactantes de la película es cuando el grupo llega a la estación de Daejeon y se encuentra con otro tren lleno de sobrevivientes. La esperanza y el alivio inicial se convierten en desesperación cuando descubren que el otro tren también está plagado de zombis, lo que lleva a un enfrentamiento aterrador.

La película llega a su clímax en Busan, donde el grupo finalmente llega después de enfrentar numerosos obstáculos y peligros. Sin embargo, su llegada está lejos de ser un refugio seguro, ya que la ciudad también está infestada de zombis. La lucha final por la supervivencia se desata en una estación de tren sobrecargada de acción, sacrificio y emoción.

Conclusión

"Tren a Busan" es una película de zombis que se destaca por su enfoque único en la acción en un espacio confinado, así como por su profundidad emocional y personajes memorables. Yeon Sang-ho crea una atmósfera de tensión constante, manteniendo al espectador al borde de su asiento mientras el grupo de sobrevivientes lucha contra la infección zombi.

Las actuaciones son sobresalientes, con Gong Yoo entregando una interpretación conmovedora de un padre que se transforma en un protector decidido de su hija. Kim Su-an también brilla como Su-an, capturando la vulnerabilidad y la determinación de su personaje.

La película no solo ofrece emociones intensas y secuencias de acción impresionantes, sino que también aborda temas universales como el amor, el sacrificio y la lucha por la supervivencia en situaciones extremas. "Tren a Busan" es una película que no solo satisface a los amantes del género de zombis, sino que también toca fibras emocionales y deja una impresión duradera. Con su mezcla de horror y corazón, la película es un viaje inolvidable a través de un mundo infestado de zombis y la lucha desesperada por la supervivencia en medio del caos.

92. BADABOOK (2014)

Introducción

"The Babadook," dirigida por Jennifer Kent y lanzada en 2014, es una película de terror psicológico que se centra en los horrores de la maternidad y los miedos internos. La película se ha ganado un lugar destacado en la cinematografía de terror contemporánea debido a su narrativa inquietante y su enfoque en la psicología de sus personajes. A través de esta sinopsis, exploraremos los elementos clave de la película y cómo Jennifer Kent crea una atmósfera de horror que trasciende los sustos convencionales.

Sinopsis

La película sigue la vida de Amelia (interpretada por Essie Davis), una madre soltera que vive en Australia con su hijo Sam (interpretado por Noah Wiseman). La historia comienza siete años después de la muerte violenta del esposo de Amelia en un accidente automovilístico mientras la llevaba al hospital para dar a luz a Sam. La tragedia ha dejado a Amelia luchando contra la tristeza y el trauma, y su relación con Sam es tensa y complicada.

La rutina diaria de Amelia y Sam se ve alterada cuando Sam encuentra un misterioso libro llamado "El Babadook" en su estantería. El libro, ilustrado de manera macabra, narra la llegada de un ser oscuro y aterrador llamado Babadook que quiere entrar en la vida de Amelia y su hijo. A medida que leen el libro, comienzan a experimentar fenómenos inexplicables y aterradores, lo que los lleva a creer que el Babadook podría ser real.

Amelia, inicialmente escéptica, pronto se da cuenta de que algo inquietante está ocurriendo. Comienza a tener visiones espeluznantes y se siente perseguida por el Babadook. Su salud mental se deteriora rápidamente, y la película explora el tormento psicológico que sufre mientras lucha contra sus propios demonios internos.

A medida que la presencia del Babadook se vuelve más intensa, su relación con Sam se vuelve aún más tensa. Sam está convencido de que el Babadook es real y está decidido a proteger a su madre de él. Esta lucha interna y externa por la supervivencia y la cordura forma el núcleo de la película.

La narrativa se desarrolla en un ambiente opresivo y claustrofóbico, ya que la madre e hijo se atrincheran en su casa para protegerse del Babadook. La tensión aumenta a medida que el Babadook se manifiesta de manera más aterradora, y Amelia se ve consumida por el miedo y la paranoia.

Lo que hace que "The Babadook" sea aún más inquietante es su exploración de la maternidad y la relación entre madre e hijo. Amelia siente una mezcla de amor, culpa y resentimiento hacia Sam debido a la muerte de su esposo y las dificultades que enfrentan. La película examina cómo el trauma y la depresión pueden afectar la capacidad de una madre para amar y cuidar a su hijo.

El clímax de la película tiene lugar en el sótano de la casa de Amelia, donde enfrenta al Babadook en una confrontación emocional y aterradora. La película ofrece un giro inesperado mientras explora las profundidades del miedo y la locura.

Conclusión

"The Babadook" es una película de terror psicológico que se destaca por su enfoque en los horrores internos y emocionales. Jennifer Kent crea una atmósfera opresiva que sumerge al espectador en la mente atormentada de Amelia. Essie Davis ofrece una actuación impresionante como una madre al borde de la locura, y Noah Wiseman interpreta a Sam con una vulnerabilidad conmovedora.

La película trasciende los sustos convencionales de las películas de terror y se sumerge en los miedos más profundos y personales de sus personajes. Examina temas como el duelo, la maternidad, la culpa y la enfermedad mental, lo que la convierte en una experiencia cinematográfica única y perturbadora.

"The Babadook" también se destaca por su diseño visual y sonoro, que crea una sensación constante de inquietud. El libro del Babadook y su ilustración se han convertido en iconos del cine de terror moderno.

En última instancia, "The Babadook" es una película que se adhiere a la mente del espectador mucho después de que las luces se enciendan. Es una exploración intensa de los miedos internos y las luchas emocionales que resuenan en un nivel profundo. La película demuestra que el horror verdadero puede surgir de dentro y ofrece una experiencia cinematográfica inolvidable.

93. THE HAUNTING (LA CASA ENCANTADA) (1963)

Introducción

"The Haunting," dirigida por Robert Wise en 1963, es un clásico del cine de terror conocido por su enfoque en el horror psicológico en lugar de efectos especiales llamativos. Basada en la novela "The Haunting of Hill House" de Shirley Jackson, la película se destaca por su atmósfera opresiva, personajes intrigantes y una narrativa que deja mucho a la interpretación del espectador. A través de esta sinopsis, exploraremos los elementos clave de la película y cómo Wise crea una experiencia de horror que sigue siendo efectiva décadas después de su lanzamiento.

Sinopsis

La historia sigue a Eleanor Vance (interpretada por Julie Harris), una mujer solitaria y con un pasado problemático. Eleanor vive con su hermana y su cuñado en una casa donde su vida es monótona y desagradable. Un día, Eleanor recibe una carta invitándola a participar en un estudio paranormal en Hill House, una mansión aislada y supuestamente embrujada. La carta, enviada por el Dr. John Markway (interpretado por Richard Johnson), la selecciona debido a una experiencia paranormal que vivió cuando era niña.

Eleanor, emocionada por la oportunidad de escapar de su vida rutinaria, acepta la invitación y viaja a Hill House. Allí, se encuentra con el Dr. Markway, quien también ha invitado a Theodora (interpretada por Claire Bloom), una mujer con habilidades psíquicas, y Luke Sanderson (interpretado por Russ Tamblyn), el heredero de la casa.

La mansión Hill House es una estructura gótica imponente con una larga historia de tragedias y muertes misteriosas. A medida que el grupo se instala, se enfrenta a una serie de fenómenos extraños y perturbadores. Puertas que se cierran solas, golpes en las paredes y frías corrientes de aire son solo algunos de los eventos inexplicables que experimentan.

La película se centra en la creciente tensión entre los personajes y su lucha por comprender la naturaleza de los horrores que acechan en Hill House. Eleanor se siente particularmente atraída por la casa, y su vulnerabilidad emocional la hace susceptible a las influencias sobrenaturales. Su relación con Theodora, que es amigable pero ambigua, añade una capa adicional de complejidad a la trama.

El Dr. Markway, como científico escéptico pero intrigado, se convierte en el líder del grupo mientras intenta documentar y comprender los fenómenos paranormales que ocurren en la casa. Sin embargo, su determinación por encontrar pruebas de lo sobrenatural a veces lo lleva a pasar por alto el peligro real que enfrentan.

A medida que las noches pasan en Hill House, los eventos paranormales se vuelven más intensos y aterradores. Las puertas se cierran y abren violentamente, las paredes parecen retorcerse y los personajes sienten la presencia de algo malévolo en la casa. La tensión alcanza su punto máximo en una escalofriante secuencia nocturna en la que los personajes son testigos de una aparición fantasmal.

La película juega con la ambigüedad y la incertidumbre, dejando al espectador preguntándose si lo que están viendo es realmente sobrenatural o simplemente una manifestación de las inestabilidades mentales de Eleanor. Esta duda constante contribuye a la atmósfera inquietante de la película.

El clímax de la película tiene lugar cuando Eleanor, en un estado de agitación y obsesión, sube a una torre de la casa. La secuencia final es una culminación aterradora de eventos sobrenaturales y psicológicos que deja al espectador con una sensación de inquietud duradera.

Conclusión

"The Haunting" es una película de terror clásica que se mantiene como una obra maestra del horror psicológico. Robert Wise logra crear una atmósfera de opresión y suspense a través de la sugerencia y la ambigüedad en lugar de efectos especiales llamativos. La película se centra en los personajes y sus luchas internas, lo que la hace más aterradora al explorar los horrores de la mente humana.

Julie Harris ofrece una actuación excepcional como Eleanor, una protagonista compleja cuya vulnerabilidad y obsesión son fundamentales para la trama. La relación ambigua entre los personajes y sus reacciones ante los fenómenos paranormales añaden capas de misterio a la historia.

"The Haunting" es una película que desafía al espectador a cuestionar la naturaleza del horror y la realidad. La incertidumbre que rodea a los eventos sobrenaturales hace que la película sea una experiencia inquietante y evocadora que sigue siendo relevante y efectiva décadas después de su lanzamiento. Es un ejemplo clásico de cómo el cine de terror puede trabajar en el nivel más profundo de la psicología humana para crear una experiencia verdaderamente escalofriante.

94. INSIDIOUS (2010)

Introducción

"Insidious," dirigida por James Wan y escrita por Leigh Whannell, es una película de terror sobrenatural que se destacó en el género cuando se lanzó en 2010. Con una trama original y un enfoque en el horror psicológico, la película sigue a una familia que lucha contra entidades malignas después de que su hijo entra en un estado de coma inexplicable. A través de esta sinopsis, exploraremos los elementos clave de la película y cómo Wan crea una experiencia de terror que se mantiene en la mente del espectador mucho después de haberla visto.

Sinopsis

La película comienza con Renai Lambert (interpretada por Rose Byrne) y su esposo Josh (interpretado por Patrick Wilson) mudándose a una nueva casa junto con sus tres hijos: Dalton, Foster y Cali. La familia parece estar disfrutando de su nueva vida, pero todo cambia cuando Dalton (interpretado por Ty Simpkins) sube al ático para recuperar una pelota de béisbol. Mientras está allí arriba, Dalton se cae de una escalera y se golpea la cabeza.

Al día siguiente, Dalton no se despierta, y los médicos no pueden encontrar una explicación para su estado. Los Lambert lo llevan a casa, pero su estado no mejora. En poco tiempo, la casa comienza a experimentar eventos paranormales inexplicables, lo que lleva a Renai a creer que están siendo acosados por una presencia maligna. Libros que caen, sombras en las esquinas y voces susurrantes son solo algunos de los fenómenos aterradores.

Desesperada por encontrar ayuda, Renai convence a Josh para que se muden de nuevo. Sin embargo, los eventos paranormales continúan en la nueva casa. Renai descubre marcas de manos infantiles en Dalton mientras duerme y decide que la única manera de proteger a su hijo es mudarse nuevamente.

La familia se muda por tercera vez, pero los fenómenos paranormales persisten. En un intento desesperado por encontrar respuestas, Renai convoca a Elise Rainier (interpretada por Lin Shaye), una medium que se especializa en comunicarse con el mundo de los espíritus. Elise descubre que Dalton está en un estado de viaje astral inconsciente y que su alma está atrapada en un reino oscuro llamado "La Dimensión Furiosa." También revela que Dalton no es el único que puede realizar este viaje, lo que sugiere que la presencia maligna podría estar persiguiendo a la familia en el mundo de los sueños.

Para salvar a Dalton, Elise le muestra a Josh cómo realizar su propio viaje astral y entrar en la Dimensión Furiosa. Josh encuentra a Dalton allí, pero también descubre la presencia de un demonio que se hace llamar "El Hombre sin Rostro." La confrontación con el demonio es aterradora, y Josh se despierta en su cuerpo con la promesa de que el Hombre sin Rostro se quedará con Dalton.

La familia parece haber recuperado a Dalton, pero las cosas no son lo que parecen. Elise comienza a sospechar que algo está mal cuando ve a Josh en una fotografía de la infancia en la que también aparece el Hombre sin Rostro. Pronto, Elise es atacada y asesinada por el espíritu maligno.

Renai, desesperada por entender lo que está sucediendo, encuentra a Lorraine Lambert (interpretada por Barbara Hershey), la madre de Josh. Lorraine revela un oscuro secreto: cuando Josh era niño, él también tenía la capacidad de realizar viajes astrales, y Elise le había ayudado a bloquear sus recuerdos después de un encuentro traumático con el Hombre sin Rostro. Ahora, el demonio está tratando de posesionar a Josh y tomar su cuerpo.

El clímax de la película tiene lugar cuando la familia enfrenta al Hombre sin Rostro en la Dimensión Furiosa. Josh se enfrenta a su propia versión del demonio y finalmente lo derrota, regresando al mundo real. La película termina con una escena en la que Josh, aparentemente liberado de la influencia del demonio, toca una canción en un piano, revelando una sonrisa inquietante y sugiriendo que el mal aún no ha sido derrotado por completo.

Conclusión

"Insidious" es una película de terror que se distingue por su enfoque en la intriga y el horror psicológico en lugar de los sustos convencionales. James Wan crea una atmósfera de inquietud desde el principio, y la trama original y cautivadora mantiene al espectador en vilo. La película juega con los miedos relacionados con los sueños y la posibilidad de que lo sobrenatural pueda acechar en el subconsciente.

Las actuaciones del elenco son destacables, con Rose Byrne y Patrick Wilson en roles convincentes como los padres desesperados y Ty Simpkins como el niño en peligro. Lin Shaye también brinda una actuación memorable como la medium Elise.

"Insidious" se convirtió en el comienzo de una exitosa franquicia de películas de terror, pero la original sigue siendo una obra maestra del género por derecho propio. La película mezcla elementos de casas encantadas, viajes astrales y posesiones demoníacas de una manera que la hace única y aterradora. Su enfoque en la psicología de los personajes y la sugerencia en lugar de lo explícito la convierten en una experiencia de terror que perdura en la memoria mucho después de haberla visto.

95. BRAINDEAD, TU MADRE SE HA COMIDO A MI PERRO (1992)

Introducción

"Braindead," también conocida como "Dead Alive" en algunos mercados, es una película de comedia de terror dirigida por Peter Jackson en 1992. Aunque es ampliamente reconocida como una película de culto, "Braindead" se destaca por su humor negro y sus extremadamente gráficas y sangrientas escenas de gore. A través de esta sinopsis, exploraremos los elementos clave de la película y cómo Jackson logra equilibrar el terror y la comedia de manera magistral.

Sinopsis

La película está ambientada en la década de 1950 en Wellington, Nueva Zelanda. Lionel Cosgrove (interpretado por Timothy Balme) es un joven tímido y reprimido que vive con su controladora madre, Vera (interpretada por Elizabeth Moody). Lionel apenas tiene vida propia debido a las exigencias de su madre y su incapacidad para socializar con otras personas.

Un día, Lionel conoce a Paquita (interpretada por Diana Peñalver), una joven española que trabaja en una tienda de comestibles. Los dos desarrollan una atracción mutua, y Paquita convence a Lionel para que la invite al zoológico. Sin embargo, la cita no sale como estaba planeada, ya que Vera sigue a su hijo y trata de arruinar el encuentro.

En el zoológico, Vera es mordida por una rata mona, lo que la lleva a sufrir una serie de cambios extraños en su comportamiento.

La situación empeora cuando Vera se enferma gravemente y muere, o eso parece. En realidad, se convierte en una especie de zombi sediento de sangre. Lionel la mantiene oculta en el ático de su casa, donde la alimenta con carne cruda para mantenerla bajo control. Sin embargo, la situación se complica cuando Vera ataca a la enfermera de la casa, y otros residentes de Wellington también comienzan a convertirse en zombis.

La película toma un giro alocado cuando Lionel lucha por ocultar la creciente horda de zombis en su casa, mientras intenta mantener una relación con Paquita. A medida que la infección se propaga, la casa se llena de zombis en diversos estados de descomposición, y las situaciones cómicas y sangrientas se suceden una tras otra.

Una de las secuencias más memorables es la del patio trasero de Lionel, que se convierte en una batalla épica entre él y los zombis, utilizando todo tipo de herramientas de jardín para luchar contra ellos, incluyendo una cortadora de césped que se convierte en un arma letal. La película se vuelve cada vez más exagerada y sangrienta a medida que avanza, con momentos que desafían la lógica y la física de maneras cómicas y grotescas.

A medida que la situación se sale de control, Paquita descubre los horrores ocultos en la casa de Lionel y se une a él en la lucha contra los zombis. Juntos, enfrentan no solo a los no muertos, sino también a un sacerdote posesionado que intenta exorcizar a los zombis. La película alcanza su clímax en una serie de eventos explosivos y sangrientos en una fiesta en la mansión de los Cosgrove.

Finalmente, Lionel y Paquita logran contener y eliminar a los zombis, pero no sin grandes sacrificios y derramamiento de sangre. La película culmina en una escena en la que Lionel y Paquita, empapados de sangre y exhaustos, deciden seguir adelante con su relación, a pesar de todas las adversidades.

Conclusión

"Braindead" es una película de comedia de terror que es conocida por su excesiva violencia y humor negro. Peter Jackson crea una obra que es una parodia del género de zombis y al mismo tiempo una oda al exceso y la creatividad en el cine de terror. La película es un festín visual de gore, con algunas de las secuencias más sangrientas y gráficas jamás vistas en pantalla.

A pesar de su naturaleza extremadamente sangrienta, "Braindead" también ofrece momentos de comedia brillante y personajes extravagantes. Timothy Balme interpreta a Lionel con una mezcla de torpeza y determinación que hace que el espectador se apegue al personaje a pesar de las locuras que ocurren a su alrededor. Diana Peñalver como Paquita aporta un toque de romance y valentía a la película.

La película se burla de los clichés del género de zombis mientras rinde homenaje a las películas de terror clásicas. Si bien su violencia puede ser excesiva para algunos, "Braindead" se ha ganado un lugar especial en el corazón de los fanáticos del cine de culto y es una experiencia que no se olvida fácilmente. Es una muestra de la inventiva y el ingenio de Peter Jackson antes de su fama con "El Señor de los Anillos" y un recordatorio de que el terror y la comedia pueden mezclarse de maneras inesperadas y emocionantes.

96. CUBE (1997)

Introducción

"Cube," dirigida por Vincenzo Natali, es una película de ciencia ficción y thriller psicológico que se convirtió en un éxito de culto desde su lanzamiento en 1997. La película se destaca por su premisa única y minimalista: un grupo de personas desconocidas se despierta en un laberinto de habitaciones idénticas y mortales. A medida que luchan por sobrevivir, descubren que cada habitación tiene trampas mortales y que escapar del laberinto es un desafío imposible. A través de esta sinopsis, exploraremos los elementos clave de la película y cómo "Cube" juega con la paranoia, el misterio y la supervivencia.

Sinopsis

La película comienza con un hombre llamado Alderson (interpretado por Julian Richings) que se despierta en una habitación enigmática con paredes de metal y puertas con trampas mortales en cada lado. Alderson intenta escapar, pero es brutalmente asesinado por una trampa que lo despedaza. Este aterrador prólogo establece inmediatamente el tono de la película.

Luego, conocemos a otros personajes principales que se despiertan en habitaciones similares. Cada uno tiene habilidades y conocimientos diferentes, pero todos están igualmente desconcertados por su situación. Los personajes incluyen a Quentin (interpretado por

Maurice Dean Wint), un oficial de policía; Rennes (interpretado por Wayne Robson), un convicto con experiencia en escapar de prisiones; Holloway (interpretada por Nicole de Boer), una médica; Leaven (interpretada por Nicole de Boer), una estudiante de matemáticas; y Worth (interpretado por David Hewlett), un arquitecto descontento.

A medida que el grupo explora el laberinto de habitaciones, descubren que algunas de las puertas tienen trampas mortales, mientras que otras son seguras. Están atrapados en un sistema de cubos interconectados, y cada habitación tiene un número que indica su posición en el laberinto. La lucha por sobrevivir se vuelve aún más desesperada cuando descubren que el tiempo es un recurso limitado: las luces de la habitación se encienden y apagan de manera cíclica, lo que significa que deben moverse rápidamente para evitar quedarse atrapados en una habitación con una trampa mortal.

Las tensiones aumentan a medida que el grupo intenta encontrar una forma de salir del laberinto. Quentin se vuelve cada vez más autoritario y sospechoso, sugiriendo que alguien en el grupo podría ser responsable de su situación. Las personalidades chocan, y la paranoia se apodera de ellos mientras tratan de descifrar el propósito detrás del laberinto y la identidad del misterioso "Cubo" que los controla.

A medida que avanzan, descubren pistas que sugieren que están siendo observados y manipulados por una organización desconocida. Además, se dan cuenta de que algunas de las habitaciones son "trampas de iniciación" diseñadas para matar a quienes intenten escapar. La confianza se vuelve escasa y la tensión se intensifica.

Finalmente, Quentin revela su oscuro secreto: trabajaba para la organización que construyó el laberinto, y su conocimiento de las trampas lo hace peligroso para los demás. En un enfrentamiento violento, Quentin es gravemente herido, pero en lugar de ayudarlo, los demás lo abandonan en una habitación trampa, donde se enfrenta a una muerte segura.

El grupo sigue avanzando, pero las tensiones continúan en aumento. Holloway revela que había estado investigando la organización que creó el laberinto y sugiere que sus experiencias no son una coincidencia. Sin embargo, antes de que puedan descubrir la verdad, Holloway también muere en una trampa.

Finalmente, solo quedan Leaven, Worth y Rennes. Rennes revela que había intentado escapar antes y que perdió su antiguo grupo en el proceso. Rennes decide enfrentar al "Cubo" directamente y es asesinado en el proceso, revelando que la organización tiene un control aún más aterrador sobre el laberinto de lo que habían imaginado.

Leaven y Worth llegan al final del laberinto, donde descubren una puerta que los lleva a un cuarto de control. Dentro, encuentran al hombre que opera el laberinto, un burócrata llamado Kazan (interpretado por Andrew Miller) con discapacidad mental. Kazan es inofensivo y parece no entender completamente lo que está sucediendo.

Leaven y Worth luchan con la decisión de dejar a Kazan atrás o llevarlo con ellos. Finalmente, deciden llevarlo y siguen buscando una salida. La película termina con ellos caminando hacia la incertidumbre, mientras la cámara se aleja y revela una vista aérea del vasto laberinto en el que están atrapados.

Conclusión

"Cube" es una película de ciencia ficción y thriller psicológico que se destaca por su premisa única y su enfoque minimalista. Vincenzo Natali crea una atmósfera claustrofóbica y aterradora al confinar a los personajes en un laberinto de habitaciones mortales. La película explora temas de paranoia, supervivencia y la naturaleza humana bajo presión.

El reparto realiza interpretaciones sólidas, y las interacciones entre los personajes agregan profundidad a la trama. La película mantiene a los espectadores en vilo mientras los personajes luchan por descubrir el propósito detrás del laberinto y las motivaciones de la misteriosa organización que lo controla.

"Cube" es un thriller psicológico tenso y desafiante que ha ganado un seguimiento de culto debido a su originalidad y sus elementos de misterio. Aunque su presupuesto limitado se refleja en la producción, la película demuestra que la creatividad y la narrativa sólida pueden superar las restricciones financieras. Es una experiencia cinematográfica única que sigue intrigando a los amantes del cine de ciencia ficción y thriller hasta el día de hoy.

97. LA NIEBLA (2007)

Introducción

"La Niebla," dirigida por Frank Darabont y basada en una historia de Stephen King, es una película de terror y ciencia ficción que explora cómo la humanidad reacciona cuando se enfrenta a lo desconocido y aterrador. La película se desarrolla en un pequeño pueblo que queda atrapado bajo una densa niebla que oculta criaturas mortales y desconocidas. A través de esta sinopsis, exploraremos los elementos clave de la película y cómo el director crea una atmósfera de paranoia y desesperación en un mundo invadido por la niebla.

Sinopsis

La película comienza con David Drayton (interpretado por Thomas Jane), un artista, y su hijo Billy (interpretado por Nathan Gamble) después de una fuerte tormenta que ha causado daños en su casa. Deciden dirigirse al supermercado local para comprar suministros de emergencia. Junto a ellos, se encuentran otros residentes del pueblo, incluyendo a la señora Carmody (interpretada por Marcia Gay Harden), una mujer religiosa extremista y apocalíptica.

Mientras están en el supermercado, una densa niebla comienza a envolver el edificio y el estacionamiento. Lo que parecía ser una situación temporal se convierte rápidamente en una pesadilla cuando descubren que la niebla está llena de criaturas mortales y aterradoras.

Las criaturas atacan a cualquiera que se aventure fuera de la seguridad del supermercado.

A medida que las horas pasan y la niebla persiste, el grupo de supervivientes dentro del supermercado se divide en facciones. Algunos, como David y su grupo, buscan formas de escapar y enfrentar lo que está afuera. Otros, liderados por la señora Carmody, ven la niebla y sus horrores como un castigo divino y creen que deben hacer sacrificios para apaciguar a Dios.

La tensión y el miedo aumentan dentro del supermercado mientras los sobrevivientes intentan mantener la calma y tomar decisiones difíciles. Los ataques de las criaturas en la niebla son violentos y gráficos, lo que añade al horror de la situación. La película juega con la claustrofobia y el desconcierto, ya que los personajes se enfrentan a lo desconocido y aterrador.

La dinámica del grupo cambia cuando un soldado del ejército, Dan Miller (interpretado por Jeffrey DeMunn), llega al supermercado. Explica que la niebla fue causada por un experimento militar que salió mal y que las criaturas son el resultado de una puerta interdimensional abierta por el experimento. Esto lleva a una revelación aterradora: no hay forma de saber cuánto tiempo durará la niebla o si alguna vez desaparecerá.

A medida que los sobrevivientes intentan encontrar una forma de escapar, se enfrentan a desafíos internos y externos. La señora Carmody, cada vez más fanática, convence a un grupo de seguidores de que deben ofrecer sacrificios humanos para sobrevivir. Esto lleva a enfrentamientos violentos y a una creciente sensación de desesperación.

El conflicto llega a su punto máximo cuando David y otros deciden arriesgar todo y aventurarse fuera del supermercado en busca de ayuda. Lo que encuentran es una ciudad devastada por la niebla y las criaturas. La película ofrece momentos de horror impactantes y revelaciones impactantes mientras los personajes luchan por sobrevivir en un mundo donde las reglas normales ya no se aplican.

La película alcanza su clímax en una escena devastadora y conmovedora que explora la desesperación y la pérdida. Finalmente, David y un pequeño grupo de sobrevivientes se enfrentan a un destino incierto mientras avanzan hacia la incierta y espeluznante niebla.

Conclusión

"La Niebla" es una película de terror y ciencia ficción que ofrece una experiencia intensa y aterradora. Frank Darabont logra crear una atmósfera de paranoia y desesperación a medida que los personajes se enfrentan a lo desconocido y mortal en forma de criaturas ocultas en la niebla. La película se apoya en las interpretaciones sólidas de su elenco y en efectos visuales impactantes para crear una experiencia cinematográfica inolvidable.

A través de su narrativa, "La Niebla" también plantea preguntas sobre la naturaleza humana y cómo reaccionamos ante situaciones extremas. La película explora temas de fanatismo religioso, desesperación y la lucha por la supervivencia en un mundo que se ha vuelto completamente aterrador y hostil.

En última instancia, "La Niebla" es una película que deja una impresión duradera en el espectador gracias a su atmósfera opresiva y su narrativa impactante. Es un recordatorio de que, en situaciones extremas, los seres humanos pueden ser tanto los héroes como los villanos, y que el miedo puede ser más aterrador que cualquier criatura de pesadilla.

98. MISERY (1990)

Introducción

"Misery," dirigida por Rob Reiner, es una adaptación cinematográfica de la novela homónima de Stephen King. Esta película de terror y suspenso nos sumerge en la historia de un famoso escritor que, después de un accidente automovilístico, queda atrapado en la casa de una obsesiva y peligrosa fanática de su obra. La película es una exploración profunda de la obsesión, la alienación y el poder de la narrativa. A través de esta sinopsis, descubriremos los elementos clave de la película y cómo crea una atmósfera de tensión y terror psicológico.

Sinopsis

La película comienza con una escena de accidente de automóvil en una carretera nevada en Colorado. El famoso novelista Paul Sheldon (interpretado por James Caan) ha sufrido un accidente automovilístico y es rescatado por una misteriosa mujer llamada Annie Wilkes (interpretada por Kathy Bates). Annie es una antigua enfermera que vive aislada en una casa remota. Ella cuida de Paul después del accidente y lo lleva a su hogar.

Paul despierta en la casa de Annie, atado a una cama y con graves lesiones en las piernas. Annie se presenta como su fan número uno y admira profundamente sus novelas de la serie "Misery." Ella le asegura a Paul que lo rescató del accidente y lo cuidará hasta que se recupere. Sin embargo, pronto se hace evidente que Annie no es una simple admiradora.

A medida que Paul recupera la conciencia, Annie muestra signos de comportamiento obsesivo y violento. Ella lee la última novela de Paul, en la que mata al personaje principal, Misery Chastain, y se enfurece por ello. Annie exige que Paul escriba una nueva novela que traiga de vuelta a Misery y la redima. Paul, atrapado y asustado, comienza a escribir la nueva historia bajo la supervisión vigilante de Annie.

La tensión en la casa aumenta a medida que Paul se da cuenta de la verdadera naturaleza de Annie. Ella muestra signos de trastorno de personalidad y comienza a alternar entre momentos de cariño y violencia extrema. Paul también descubre el oscuro pasado de Annie, incluyendo su historia de asesinatos y abuso de pacientes en su trabajo como enfermera.

A lo largo de la película, Paul intenta encontrar una manera de escapar de la casa de Annie y evitar caer más profundamente en su locura. Sus intentos se ven obstaculizados por su incapacidad para moverse debido a las lesiones en las piernas y la vigilancia constante de Annie. La tensión entre ellos alcanza su punto máximo en una escena icónica en la que Annie utiliza un mazo para fracturar brutalmente los tobillos de Paul, dejándolo completamente indefenso.

Mientras tanto, la policía y los amigos de Paul comienzan a preocuparse por su desaparición y empiezan a investigar su paradero. La tensión sigue aumentando cuando Annie descubre que la policía se acerca a su casa. Ella decide tomar medidas drásticas para evitar que Paul se escape y, en un acto impactante, amputa uno de los pies de Paul para que no pueda huir.

La película llega a su clímax cuando Paul, desesperado y mutilado, finalmente logra liberarse de las ataduras. Una confrontación violenta se desata entre él y Annie, en la que Paul utiliza una máquina de escribir para defenderse. La lucha culmina en la muerte de Annie, quien cae por las escaleras y se quiebra el cráneo.

La película concluye con la llegada de la policía y el rescate de Paul. Aunque ha sobrevivido a su horrible experiencia, Paul queda con secuelas físicas y psicológicas graves. La película arroja una luz perturbadora sobre la obsesión y el poder de la ficción para influenciar la mente de una persona.

Conclusión

"Misery" es un ejemplo sobresaliente de cine de terror psicológico que se basa en la tensión y el terror de la mente humana. La película se beneficia de las actuaciones extraordinarias de James Caan y Kathy Bates, quien ganó un Oscar por su papel como Annie Wilkes. Bates ofrece una interpretación aterradora y multifacética del personaje, alternando entre la dulzura y la violencia con una facilidad perturbadora.

La película también aborda temas profundos, como la obsesión, el poder de la narrativa y la alienación. Paul Sheldon se encuentra atrapado en la casa de una fan obsesionada con su trabajo, lo que plantea preguntas sobre la relación entre los creadores y sus seguidores más devotos. Además, la película presenta una mirada sombría a la psicología de Annie Wilkes, una figura que oscila entre la admiración y la locura.

"Misery" es un thriller psicológico magistral que mantiene a los espectadores al borde de sus asientos desde el principio hasta el final. La película se ha convertido en un clásico del cine de terror y sigue siendo recordada por su atmósfera inquietante y sus interpretaciones impresionantes. Es un recordatorio inquietante de que, a veces, la realidad puede ser aún más aterradora que la ficción.

99. LA MANSIÓN DE LOS HORRORES (HOUSE ON HAUNTED HILL) (1959)

Introducción

"La Mansión de los Horrores," dirigida por William Castle, es un clásico del cine de terror que ofrece una mezcla única de suspenso y entretenimiento macabro. La película se desarrolla en un parque de diversiones itinerante y sigue a un grupo de personajes que se encuentran atrapados en una mansión embrujada llena de trampas mortales y horrores inimaginables. A través de esta sinopsis, exploraremos los elementos clave de la película y cómo logra mantener a los espectadores al borde de sus asientos.

Sinopsis

La película comienza con una vista panorámica del parque de diversiones itinerante de Mr. Diablo (interpretado por Vincent Price), un personaje misterioso que dirige una atracción llamada "La Mansión de los Horrores". La atracción es famosa por ser un laberinto aterrador lleno de efectos especiales y sustos diseñados para asustar a los visitantes.

A medida que los visitantes hacen cola para ingresar a la atracción, conocemos a algunos de los personajes principales: el periodista Lance Schroeder (interpretado por Richard Long), la columnista de chismes Ruth Bridges (interpretada por Julie Mitchum), el piloto de autos deportivos Tom Pritchard (interpretado por Alan Marshal), la empleada del parque Nora Manning (interpretada por Carolyn Craig) y el psiquiatra Dr. David Trent (interpretado por Alan Marshal). Todos han sido invitados por Mr. Diablo para pasar una noche en la mansión y ganar un premio si sobreviven.

Una vez dentro de la mansión, los invitados son recibidos por Mr. Diablo y su asistente, un enano llamado Sir Roderick (interpretado por Angelo Rossitto). A medida que los personajes exploran las habitaciones de la mansión, se encuentran con una serie de horrores y trampas macabras. Cada habitación presenta una escena espeluznante, desde un cadáver en una bañera hasta una cama que se hunde en un foso de ácido.

A medida que la noche avanza, los invitados comienzan a sospechar que las amenazas son reales y no simples efectos especiales. Los eventos escalan rápidamente cuando Ruth Bridges es asesinada por una guillotina en una de las habitaciones. Esto lleva a un aumento en la paranoia y la desconfianza entre los personajes restantes.

El grupo continúa explorando la mansión mientras Mr. Diablo y Sir Roderick observan y comentan sobre sus reacciones. Lance Schroeder y Nora Manning desarrollan una conexión romántica a lo largo de la noche, pero también enfrentan peligros mortales juntos. En un momento, Nora es atacada por un grupo de esqueletos animados en una sala de catacumbas, pero Lance la rescata a tiempo.

A medida que avanza la noche, los personajes restantes enfrentan una serie de peligros cada vez más siniestros. El Dr. David Trent es asesinado por una caída desde una escalera, y Tom Pritchard es emboscado y ahorcado en un rincón oscuro de la mansión. La tensión aumenta cuando Lance y Nora descubren que la mansión está llena de trampas letales y que Mr. Diablo parece disfrutar del sufrimiento de sus invitados.

Finalmente, Lance y Nora confrontan a Mr. Diablo y Sir Roderick en la sala de control de la atracción. Descubren que Mr. Diablo es, en realidad, un maniquí animado y Sir Roderick es el verdadero cerebro detrás de la mansión embrujada. Sir Roderick revela que lleva años planeando esta noche de terror como venganza por las burlas y la discriminación que ha enfrentado debido a su altura.

La película culmina en un enfrentamiento tenso entre Lance y Sir Roderick, que termina con Sir Roderick cayendo en una trampa mortal y muriendo. Lance y Nora logran escapar de la mansión antes de que sea destruida en una explosión. Cuando finalmente salen al amanecer, el parque de diversiones itinerante se ha ido, dejando solo un terreno baldío.

Conclusión

"La Mansión de los Horrores" es una película de terror clásica que se destaca por su enfoque único en la mezcla de entretenimiento y sustos siniestros. William Castle, conocido por sus películas de terror interactivas y efectos especiales ingeniosos, crea una experiencia cinematográfica que lleva a los espectadores a un viaje aterrador a través de una mansión llena de trampas mortales y horrores visuales.

Aunque la película se desarrolla en un parque de diversiones, logra mantener una atmósfera inquietante y claustrofóbica a medida que los personajes se enfrentan a peligros cada vez más mortales. Vincent Price interpreta magistralmente a Mr. Diablo, un anfitrión siniestro y maestro de ceremonias que juega con las emociones de los personajes y los espectadores por igual.

"La Mansión de los Horrores" también aborda temas de venganza y alienación a través del personaje de Sir Roderick, el enano que busca vengarse de aquellos que lo han menospreciado. A medida que la película avanza, se cuestiona quiénes son los verdaderos monstruos: los personajes atrapados en la mansión o el propio Sir Roderick.

En resumen, "La Mansión de los Horrores" es una película de terror clásica que sigue siendo apreciada por su enfoque único en la combinación de entretenimiento y horror. Es un recordatorio de la capacidad del cine para transportar a los espectadores a lugares oscuros y misteriosos, donde los sustos y los giros inesperados están a la vuelta de cada esquina.

100. VIERNES 13 (1980)

Introducción

"Viernes 13" (Friday the 13th) es un clásico del cine de terror dirigido por Sean S. Cunningham que se estrenó en 1980. La película es parte de la franquicia de terror más icónica, y su éxito ayudó a establecer el subgénero de las películas de asesinos en serie en entornos aislados. A través de esta sinopsis, exploraremos los elementos clave de la película y cómo introdujo a los espectadores en un mundo de terror en Camp Crystal Lake.

Sinopsis

La película comienza con una vista aérea de Camp Crystal Lake, un campamento de verano en el estado de Nueva Jersey. La fecha es viernes 13 de junio de 1958, y un grupo de jóvenes consejeros se reúne alrededor de una fogata. Cantan canciones y disfrutan de su tiempo libre, pero pronto son interrumpidos por la llegada de un asesino desconocido que los ataca brutalmente.

La película luego se traslada a 1958, cuando el campamento está a punto de cerrar debido a los horribles eventos ocurridos ese verano. Los propietarios, los Voorhees, están decididos a revivir el lugar y planean reabrirlo en el verano de 1980. Sin embargo, algunos residentes locales advierten sobre la maldición que pesa sobre el campamento y lo llaman "Campamento Sangriento."

Cuando llega el verano de 1980, un nuevo grupo de consejeros llega al campamento para prepararlo antes de la llegada de los niños. Entre ellos se encuentra Annie (interpretada por Robbi Morgan), que es recogida por un conductor de camioneta llamado Enos (interpretado por Rex Everhart). En el camino hacia el campamento, Enos le cuenta a Annie sobre la historia de Camp Crystal Lake y la tragedia que ocurrió allí en 1958.

Una vez en el campamento, Annie conoce a Jack (interpretado por Kevin Bacon), Marcie (interpretada por Jeannine Taylor), Ned (interpretado por Mark Nelson), Brenda (interpretada por Laurie Bartram), Bill (interpretado por Harry Crosby) y Alice (interpretada por Adrienne King), quienes se están preparando para una temporada de trabajo.

A medida que la película avanza, los consejeros comienzan a ser asesinados uno por uno por un misterioso asesino. Las muertes son sangrientas y violentas, y el terror se apodera del campamento mientras los sobrevivientes luchan por entender lo que está sucediendo. Pronto descubren que no están solos en el campamento y que están siendo perseguidos por un asesino enmascarado.

La tensión aumenta a medida que los personajes intentan descubrir la identidad del asesino y escapar del campamento. Descubren que el asesino está usando un machete y una camiseta con capucha, lo que lo convierte en una figura aterradora que acecha en las sombras.

Alice se convierte en la última superviviente y finalmente se enfrenta al asesino en una confrontación aterradora en la cabaña principal del campamento. Después de una intensa lucha, Alice logra decapitar al asesino enmascarado y lo deja aparentemente muerto.

Justo cuando cree que está a salvo, Alice se encuentra en una canoa en el medio del lago Crystal. De repente, una mano en descomposición agarra su hombro desde el agua y la jala hacia abajo. La película termina con una toma aérea del lago, dejando la pregunta de si el mal ha sido realmente derrotado.

Conclusión

"Viernes 13" es una película de terror que dejó una huella indeleble en la cultura popular y desencadenó una franquicia de terror icónica que ha continuado durante décadas. La película es conocida por sus asesinatos sangrientos, su enmascarado enigmático, y su capacidad para mantener a los espectadores en vilo hasta el final.

La película estableció muchas de las convenciones del género slasher, incluida la figura del asesino enmascarado, las muertes violentas y las sorpresas finales. También exploró el tema de la venganza y la maldición que pesa sobre Camp Crystal Lake, lo que le dio un toque de misterio y horror sobrenatural.

"Viernes 13" es una película que ha influido en generaciones de cineastas y amantes del cine de terror, y su legado perdura en la cultura popular hasta el día de hoy. Es un recordatorio de que, en el mundo del cine de terror, nunca se está a salvo, ni siquiera en un hermoso día de verano en un idílico campamento en el bosque.

ACERCA DEL AUTOR

Nací y hago como el que vivo. Moriré, pero mis artes persistirán. No necesitas saber más de mí… al menos, de momento.

www.ingramcontent.com/pod-product-compliance
Lightning Source LLC
Chambersburg PA
CBHW051246250726

48656CB00004B/1146